# Le bilan de compétences

Florence Le Bras

# Le bilan de compétences

Caroline Ballée

prêt à Karinou.

• MARABOUT •

**Je tiens à exprimer mes chaleureux remerciements à :**

Nicolas Barrier
Patricia Descours
Christine Lahana-Bachelier
Fabien Lemoine
Anne-Marie Martin
Nathalie Meunier
pour les informations qu'ils m'ont données.

FLB

# Table des matières

# Avis aux lecteurs

La vie professionnelle n'est plus, depuis longtemps, un long fleuve tranquille. Le monde du travail est en constante mutation et met chacun d'entre nous devant une évidence : nous devons être capables de nous adapter à un paysage professionnel évolutif ; c'est souvent une question de survie.

Changer d'entreprise et parfois même de métier est devenu courant, par obligation, mais aussi par choix. Car il est aujourd'hui admis comme légitime de souhaiter avoir une vie professionnelle adaptée à sa vie personnelle, et un emploi épanouissant, conforme si possible à ses valeurs.

Très souvent, la formation initiale ne suffit plus, il faut sans cesse être en éveil et prêt à se remettre en cause non seulement pour s'adapter aux évolutions technologiques, mais aussi pour saisir les opportunités, ou tout simplement se maintenir en poste. C'est en 1970 que la nécessité de réfléchir à l'évolution de la carrière des salariés et à la formation professionnelle s'est fait sentir.

Pour faire le point, se connaître, optimiser ses qualités et ses compétences, parvenir à travailler avec plaisir, un outil est indispensable : le bilan de compétences.

Le bilan de compétences institutionnel est accessible à de nombreux professionnels, qu'ils soient en poste ou en situation de recherche d'emploi.

Vous en avez entendu parler, en bien ou en mal. Que faut-il en penser ? Est-il vraiment nécessaire ? Faut-il en entreprendre un de votre propre initiative ? Que penser si votre employeur vous suggère d'en faire un ? Qu'avez-vous à y gagner ? et à y perdre ? Comment cela se passe-t-il ? Quelles démarches devez-vous faire et auprès de qui ? Comment faire valoriser votre expérience professionnelle ? Comment vous préparer au bilan de compétences ? Est-il possible de faire vous-même un bilan fiable ?

Ce guide a pour objectif de répondre à toutes les questions que vous vous posez à propos du bilan de compétences institutionnel et de la valorisation de vos acquis professionnels.

Par ailleurs, sans vouloir nous substituer aux organismes qui en font le métier, nous vous proposons ici une méthode pour dresser votre bilan vous-même ; elle vous aidera à préparer un dossier de candidature cohérent et ciblé, mais aussi à prendre du recul par rapport à votre parcours ; elle n'exclut en rien le recours à un organisme officiel.

Aujourd'hui, l'avenir appartient à ceux qui savent exploiter leurs compétences et qui savent rester en éveil pour saisir les opportunités du marché du travail. Mettez toutes les chances de succès de votre côté, prenez en main votre destin professionnel avec votre meilleur allié : vous-même.

# Bilan de compétences

# Il est fait pour vous si…

Dans ce chapitre :
- ça bouge dans l'entreprise
- il faut vous reprendre en main
- il y a quelque chose qui cloche
- ça va mal
- vous vous posez des questions
- tout va bien mais…
- vous pensez à changer de cap
- ça bouge dans votre métier
- vous voulez changer de statut

Vous n'avez peut-être jamais imaginé de faire un bilan de compétences. Peut-être même pensiez-vous qu'il était uniquement réservé à ceux qui se trouvent en grande difficulté professionnelle, ou en chômage de longue durée. Détrompez-vous. Le bilan de compétences a des indications beaucoup plus larges. Il peut même, pour beaucoup d'entre vous, être un vrai starter, qui dynamise votre vie professionnelle et éclaire votre avenir.

Lisez attentivement ce chapitre. Si vous vous reconnaissez dans un de ces portraits, réfléchissez à l'opportunité d'un bilan.

UN BILAN POUR QUI ?

## L'employabilité

**Ce terme évoque votre valeur sur le marché du travail. Êtes-vous de ceux que l'on recherche pour leurs compétences actualisées, leur niveau d'expertise, leur adaptabilité, ou de ceux dont on dit « ce fut un bon dans les années 19... » ?**

## Ça bouge dans l'entreprise

### • Les rumeurs sont inquiétantes

Les bruits de couloir vont bon train : votre entreprise va sans doute être rachetée par un groupe, le patron part à la retraite et va être remplacé... Bref, vous craignez que ces changements ne s'accompagnent de licenciements ou de mutations. Vous avez raison d'être attentif ; ce genre de bouleversement est souvent synonyme de remaniements plus ou moins importants, car de nouvelles équipes arrivent et l'organigramme de la maison est étudié de près par la nouvelle direction. Il est temps de faire le point de vos compétences, éventuellement de suivre une formation complémentaire et/ou de faire valider vos acquis pour pouvoir rebondir, ici ou ailleurs.

### • Vous craignez que votre entreprise ne dépose le bilan

Les affaires sont très mauvaises, et vous pensez que le redressement judiciaire n'est pas loin. Il est urgent pour vous de faire le point avant d'être licencié pour raisons économiques. Vous serez plus armé pour attaquer votre recherche d'emploi si vous êtes bien conscient de vos compétences et de vos capacités.

### • Vous avez toujours travaillé dans l'entreprise familiale

Tout se passait bien, vous étiez heureux de travailler en famille mais, hélas, l'entreprise va bientôt fermer pour des raisons économiques. Vous allez devoir chercher du travail ailleurs. Vous voulez savoir ce que vous valez sur le marché du travail, pour choisir une orientation et/ou une formation qui vous rende compétitif. C'est ce qu'on appelle maintenir son employabilité.

## Il faut vous reprendre en main

### • Vous vous sentez en perte de vitesse

En poste depuis plusieurs années, vous ronronnez dans votre fonction, et vous vous êtes rendu compte que vos méthodes de travail sont un peu dépassées, que vous n'êtes plus vraiment dans la course. Même si vous ne rencontrez pas de problèmes particuliers pour l'instant, vous craignez qu'on ne vous reproche un jour de ne pas être performant. Vous aimeriez prendre les devants et envisager une mise à niveau.

### • Vous avez quitté la vie professionnelle pendant plusieurs années pour élever vos enfants et vous souhaitez retravailler

Ce n'est pas parce que vous êtes déconnectée du monde du travail que vous n'avez pas de compétences. Votre vie de mère au foyer a certainement développé chez vous des qualités appréciables dans la vie professionnelle. Vous avez probablement besoin d'une formation complémentaire pour vous remettre à niveau dans votre branche d'activité. Encore faut-il savoir laquelle. Il est aussi important que vous sachiez exploiter les compétences et aptitudes que vous avez mises en pratique pendant votre interruption de travail. Elles sont certainement plus nombreuses que vous ne le pensez.

### • Vous êtes « sous pression »

Vous subissez depuis quelques mois une forte pression destinée visiblement à vous dégoûter et à vous faire démissionner. Cette pression peut revêtir de multiples formes : on vous fait ouvertement des reproches injustifiés, on vous met au placard en « oubliant » de vous convoquer à des réunions qui vous concernent, vous ne recevez plus les mails et les notes de service qui avant vous étaient aussi destinés, vous surprenez des rumeurs dans les couloirs sur votre passage… Vous êtes déstabilisé par le comportement de votre hiérarchie et vous ne savez plus si cette attitude est purement malveillante, si c'est vous qui n'êtes plus à la hauteur et avez démérité, ou si vous devenez complètement paranoïaque. Vous en venez à douter de votre valeur.

### • Vous avez des rapports conflictuels avec les autres

Les tensions avec vos collègues ou votre hiérarchie, les bouderies, l'agressivité verbale épuisent votre énergie. Vous aimez votre

UN BILAN POUR QUI ?

## Les réactions en chaîne

**Un sentiment d'incompétence conduit presque toujours à la dévalorisation, au manque de confiance en soi, au désintérêt pour le travail, au mal-être ; ces comportements ont des répercussions négatives sur la vie privée. On devient triste, irascible, susceptible, envieux ou jaloux. Arnaud ne se sentait pas du tout à l'aise dans l'entreprise qu'il avait intégrée, poussé par son père. Il obtenait de piètres résultats, culpabilisait de ne pas être à la hauteur des espérances que sa famille plaçait en lui, en arrivait à détester aller travailler ; il se levait chaque matin avec des maux de tête, des douleurs lombaires. Il était d'une humeur exécrable avec Stéphanie, sa fiancée, qui, elle, réussissait plutôt bien dans son premier poste. Pour lui, l'alternative était simple : plonger dans la dépression ou fuir son entourage en partant à l'étranger ; il n'imaginait pas d'autre issue à son problème. C'est grâce au bilan de compétences qu'il a pu définir sa voie, demander un changement de poste et voir enfin ses compétences reconnues.**

UN BILAN POUR QUI ?

## Spécial intérim

**Si vous êtes intérimaire, le bilan de compétences peut vous ouvrir d'intéressantes perspectives. Plus qualifié, vous serez mieux armé dans le monde du travail, vous vous verrez confier plus de responsabilités, vos missions seront plus longues, mieux rémunérées, et vous aurez davantage de chances de décrocher un CDI (rendez-vous p. 49).**

## Le «blues» de l'autodidacte

**Malgré un beau début de parcours et des succès reconnus, certains autodidactes regrettent amèrement de ne pas avoir de diplômes et craignent qu'à terme les plus beaux postes soient réservés aux diplômés. Qu'ils se rassurent : le bilan de compétences peut déboucher sur une certification (rendez-vous page 75, La validation des acquis de l'expérience).**

travail, votre entreprise, mais la communication passe mal et cela vous gâche la vie. Vous ne savez plus comment résoudre ce problème relationnel.

### • Vous vous ennuyez dans votre fonction

Vous en connaissez toutes les ficelles, vous n'avez plus rien à prouver, la routine vous lasse. Vous aimeriez bien changer d'emploi ou d'entreprise, mais vous ne savez pas si vous êtes capable d'assumer d'autres fonctions.

## Il y a quelque chose qui cloche

### • Vous vous sentez dévalorisé

Vos collègues sont fiers de leurs diplômes alors que vous n'en avez pas, de leurs réussites alors que vous n'avez pas d'exploits à votre actif. Ils se vantent alors que vous êtes modeste, vous perdez un peu confiance en vous. Il faudrait que vous puissiez dégager les points forts de votre parcours pour vous rassurer, et peut-être même envisager d'obtenir un diplôme ou une certification qui vous mette au niveau de vos collègues.

### • Vous êtes miné par un ou plusieurs échecs professionnels

Vous avez essuyé plusieurs échecs, malgré votre bonne volonté et votre conscience professionnelle. Votre patron ne vous le reproche pas ouvertement, mais vous sentez bien qu'il vous considère un peu comme un « outsider ». Vous souffrez de cette situation et aimeriez comprendre la raison de ces échecs à répétition.

### • Vous papillonnez depuis longtemps

Un an ici, dix mois là, vous ne tenez pas en place. Vous ne parvenez pas à vous stabiliser, à prendre vos marques dans un poste ou une entreprise. Vous n'êtes pas satisfait dans vos différentes fonctions, ou c'est votre hiérarchie qui vous remercie, bref vous concluez à une incompatibilité évidente entre vous et le monde du travail. Il faudrait comprendre pourquoi vous n'êtes bien nulle part.

## • Vous avez l'impression de ne pas développer votre potentiel

Vous sentez confusément que vous pourriez mieux gagner votre vie, ou être davantage reconnu, mais vous ne savez pas comment mettre en valeur toutes vos potentialités. Vous enviez certains de vos collègues pour leur dynamisme, leur persévérance, leur confiance en eux, mais vous n'osez pas aller plus loin, plus haut.

## • Vous n'avez pas obtenu la promotion qui devait normalement vous revenir

En toute logique, vous étiez le mieux placé pour être nommé au poste supérieur devenu vacant. Or c'est un de vos collègues, moins ancien que vous, et à votre avis moins expérimenté, qui obtient cette promotion. Vous ne comprenez pas les raisons de ce choix de votre hiérarchie et vous êtes blessé ; vous mettez en doute vos compétences. Il est temps de faire le point avant de laisser la rancœur vous envahir.

## • Vous avez plus de 40 ans et vous vous interrogez sur la poursuite de votre carrière

Vous savez qu'avant cinq ans, les dés seront jetés : il vous sera difficile d'orienter différemment votre vie professionnelle. Les décisions, c'est donc maintenant qu'il faut les prendre pour faire bouger votre carrière. À cet âge de pleine maturité doit en principe correspondre un plein épanouissement professionnel. Faut-il sauter le pas pour tenter d'avoir mieux ? Êtes-vous au top de ce que vous pouvez attendre ? Vous avez besoin d'un appui pour faire le point en toute lucidité.

## • Vous êtes autodidacte

Vous avez fait vos preuves sur le terrain, vous avez beaucoup de succès à votre actif. Tout va bien pour vous, mais… vos collaborateurs sont de jeunes diplômés, et soudain votre situation d'autodidacte vous chagrine. Ou vous pensez à changer d'entreprise, et vous ne savez pas comment vous vendre à un autre employeur. Vous ne savez pas comment valoriser votre expérience et définir vos compétences.

UN BILAN POUR QUI ?

### L'intérêt d'être au top de ses compétences

**Lorsque vos compétences sont bien exploitées, vous êtes à l'aise dans votre travail, dans votre vie. Vous vous sentez capable de progresser, vous êtes impliqué dans la vie de l'entreprise et vous êtes motivé pour réussir. Ce n'est pas seulement une question d'ambition, c'est toute une qualité de vie qui est en jeu.**

UN BILAN POUR QUI ?

## La crise professionnelle

**Vous êtes inquiet dès le dimanche après-midi, vous avez de la peine à vous lever le matin, vous comptez les jours qui vous séparent des vacances, vous êtes tenté de demander un arrêt de travail à votre médecin... : ces symptômes sont ceux de la crise professionnelle. Ils peuvent apparaître après un événement mal vécu : promotion qui vous a été refusée, collègue proche licencié, maladie ou décès d'une personne de votre entourage, surcroît de travail, par exemple. Mais c'est surtout la difficulté à concilier le travail avec vos propres intérêts qui est la cause profonde de la crise. Cela dure sans doute depuis des mois, et un facteur déclencheur vous a rendu conscient de ce mal-être.**

### • Vous avez le sentiment de ne pas avoir choisi votre voie

Le cheminement jusqu'à votre situation actuelle vous échappe ; vous pensez que vous avez été ballotté par les événements et que vous n'avez pas été vraiment acteur de votre vie professionnelle. Rassurez-vous, ce phénomène est très courant. Nombreux sont ceux qui pensent, sans en avoir l'assurance, qu'ils ont raté leur voie. Sans savoir toujours dans quel domaine ils auraient été plus heureux de travailler.

## Ça va mal

### • Vous venez de perdre votre emploi

Ce coup dur vous déstabilise complètement. Comme beaucoup de personnes, vous vous identifiiez à votre travail. Vous ressentez une véritable perte d'identité : plus de travail, et vous n'existez plus. Vous vous sentez en porte-à-faux avec votre famille. Vous savez bien que vous avez un défi à relever : trouver du travail, mais vous avez du mal à mobiliser votre énergie. Vous ne savez plus vers quelle voie vous diriger. Un bilan de compétences peut vous aider à vous recadrer et à retrouver votre dynamisme en faisant d'abord le point du passé pour tracer la route vers l'avenir.

### • Vous ne pouvez plus harmoniser votre vie professionnelle et votre vie privée

Votre métier n'est plus compatible avec votre vie de famille ou votre état de santé. Horaires trop lourds ou irréguliers, longs trajets,voyages incessants, station debout en permanence, stress lourd à gérer, changements importants dans votre vie de famille (mariage, naissance, divorce...), vous jonglez avec vos impératifs familiaux. Vous n'avez plus de loisirs, vous courez en permanence après le temps, vos relations conjugales et familiales deviennent conflictuelles, votre résistance s'amoindrit... Pour résoudre ce mal-être, il faudrait changer de fonction, de métier, d'entreprise, ou simplement aménager votre travail différemment.

### • Vous êtes mal dans votre vie professionnelle

Vous ressentez un mal-être sans parvenir à en déceler les causes. Parfois, cet état est le fait d'un problème personnel qui se déplace, parfois ce sont des non-dits, des malentendus, des conflits latents non exprimés, ou encore une inadéquation entre ce que vous êtes vraiment et votre travail. Même si votre métier vous plaît vraiment, il ne remplit qu'une partie de vos attentes, et vous vous sentez frustré, déséquilibré par ce manque. Vous aimeriez cerner les raisons de ce mal-être pour le combattre.

## Vous vous posez des questions

### • Vous avez un projet professionnel qui vous enchante...

... mais vous ne savez pas s'il est réaliste. Au hasard d'une rencontre, vous avez appris à connaître un métier, vous avez eu le coup de foudre. Vous êtes enthousiaste, mais vous craignez d'être utopiste et de courir au fiasco. L'avis extérieur d'une personne connaissant bien le monde du travail vous serait précieux.

### • Vous avez un objectif, il vous manque les moyens de l'atteindre

Vous ne savez pas comment mettre à exécution le projet que vous avez défini, vous avez besoin de pistes, d'adresses, de fil conducteur.

### • Vous envisagez de doubler votre formation

Vous évoluez dans un secteur professionnel où les doubles formations sont de plus en plus recherchées : ingénieur physicien et diplomate rompu aux relations internationales, commercial parlant couramment arabe... Vous pensez qu'une formation complémentaire pourrait vous ouvrir un horizon prometteur.

UN BILAN POUR QUI ?

### Clin d'œil

**Marguerite a 91 ans. Ses huit petits-enfants sont établis un peu partout en Europe. Pour communiquer facilement avec eux, elle s'est mise à l'Internet. Difficile ? « Non, pas trop, j'étais motivée », affirme-t-elle. Depuis Marguerite navigue sur le Net et voyage depuis son fauteuil. Cet exemple illustre bien les miracles de la motivation...**

UN BILAN POUR QUI ?

## C'est votre employeur qui vous demande de faire un bilan de compétences

**Dans ce cas, il est difficile de refuser. Mais vous vous demandez sans doute les raisons de cet aiguillage. Quelle peut être sa motivation ? Tout dépend du contexte.**

- **Votre métier est en perte de vitesse, ou même voué à disparaître ? Votre patron ne veut pas vous laisser tomber et prépare votre reconversion.**
- **Vous avez demandé une promotion ? Avant de vous l'accorder, il veut que vous lui donniez les arguments prouvant que vous serez capable d'assumer les nouvelles fonctions que vous souhaitez. Ou encore il ne veut pas vous l'accorder et espère que les résultats du bilan de compétences vous dissuaderont de postuler à cette fonction.**
- **Votre supérieur hiérarchique pense à vous pour une promotion, mais il ne veut pas prendre de risques inutiles et met toutes les chances de son côté pour « verrouiller » sa proposition vis-à-vis de sa hiérarchie. S'il commet une erreur en vous donnant cette promotion, il risque peut-être gros personnellement.**

## Tout va bien mais...

### • On vous propose une promotion

Votre première réaction est enthousiaste, mais soudain vous êtes pris de panique et vous vous demandez avec angoisse si vous serez à la hauteur pour assumer ces nouvelles fonctions. Vous vous demandez même si cette promotion n'est pas faite pour que vous preniez des risques et échouiez. Vous avez besoin de faire le point sur vos compétences et vos aptitudes, et d'envisager éventuellement une formation complémentaire pour être meilleur.

### • Vous voulez être le meilleur

Vous venez d'être promu. Vous en êtes satisfait, et pas vraiment inquiet, car vous avez confiance dans votre puissance de travail et votre adaptabilité. Mais vous êtes perfectionniste et souhaitez savoir si vous pouvez vous améliorer, et par quels moyens.

### • Vous voulez développer vos compétences

Vous savez qu'il est plus facile d'être excellent là où on est bon que de devenir moyen là où on est médiocre. Si vous êtes bon dans un domaine, c'est que celui-ci vous plaît et convient à vos capacités, à votre forme d'intelligence. Vous voudriez optimiser ces dispositions pour être plus efficace et plus performant.

### • Vous devez affirmer votre position dans l'entreprise

Nouvelles recrues aux dents longues, évocation plus ou moins discrète de mises à la retraite anticipée… Il est temps pour vous de montrer, preuves à l'appui si besoin est, ce que vous valez et ce que vous pouvez encore apporter, d'actualiser éventuellement vos connaissances et d'adapter votre attitude au contexte.

### • Vous avez de l'ambition

Vous voulez faire évoluer votre carrière, vous briguez une promotion, mais vous savez qu'on vous demandera de justifier vos prétentions, aussi aimeriez-vous avoir des arguments solides pour poser votre candidature.

### • Vous approchez de l'âge de la retraite

Bientôt, vous quitterez l'entreprise. Mais ce n'est pas parce que vous avez droit à une pension de retraite que vous devez cesser toute activité professionnelle. Vous pouvez continuer à travailler, différemment, à un autre rythme, pour d'autres entreprises. Les seniors sont appréciés comme conseillers dans de nombreux secteurs. Vous souhaitez faire le point de ce que vous pourriez envisager de faire un peu plus tard.

## Vous pensez à changer de cap

### • Vous en avez vraiment assez de votre métier, mais vous ne savez pas quoi faire d'autre

Ce sont les hasards de la vie qui vous ont conduit à exercer votre métier, il fallait bien trouver du travail. Mais ce métier ne vous a jamais plu et vous aimeriez changer. Mais que faire d'autre ? Vous aimeriez qu'on vous ouvre des horizons pour envisager un avenir plus serein.

### • Vous pensez à une réorientation

Vous avez fait les études qui vous plaisaient, mais au moment d'entrer dans la vie professionnelle, pas de débouchés. Faut-il patienter et persévérer dans votre branche ? envisager une totale reconversion ? trouver un moyen terme ? Autant de questions auxquelles il est difficile de répondre seul.

## Ça bouge dans votre métier

### • Vous exercez un métier en pleine évolution technologique

Il faut suivre le mouvement. Aux typographes du début du XX$^{e}$ siècle ont succédé des virtuoses de l'informatique. Les secrétaires des années 60 armées de leur bidon de correcteur sont devenues des pros de l'ordinateur… Le progrès bouscule les habitudes, efface des repères, mais il facilite aussi le travail. Bref, il n'est plus possible de le bouder, il faut accepter de

**UN BILAN POUR QUI ?**

**● Votre employeur pense qu'il vous manque une qualité ou une compétence pour être performant dans votre emploi : aptitude à déléguer, à diriger une équipe, à gérer le stress, à négocier certaines situations... Le bilan de compétences va vous permettre de faire un état des lieux et de vous orienter vers une formation complémentaire qui améliorera vos capacités.**

**Si vous ne comprenez pas la raison de ce bilan, demandez directement à votre employeur quelles sont ses motivations. Un argument pour qu'il vous réponde : dites-lui que pour qu'un bilan soit efficace, il faut avant tout que le candidat sache ce qu'il veut y trouver.**

UN BILAN POUR QUI ?

**En bref, faire un bilan de compétences, c'est votre intérêt si...**

**vous voulez ou devez :**
- **changer de poste**
- **changer d'entreprise**
- **faire un dossier de candidature**
- **valoriser votre expérience**
- **vous adapter à des mutations**
- **évoluer positivement**

**et si vous vous sentez...**
- **menacé dans votre emploi**
- **mal dans votre vie professionnelle...**

suivre l'évolution, au risque de vous retrouver sur la touche. Répétons-le, le temps est à l'adaptabilité.

### • Vous exercez un métier en voie de disparition

Il faut penser à vous reconvertir. Il est parfois difficile de tourner la page, la nostalgie empêche de regarder l'avenir d'un regard serein. Mais vous avez certainement des compétences, un potentiel ignoré qu'il est temps d'exploiter. Vous pouvez probablement vous épanouir autrement. Dans ce cas, d'ailleurs, c'est souvent l'employeur lui-même qui suggère le bilan afin de pouvoir garder son collaborateur et lui proposer une autre fonction.

## Vous voulez changer de statut

### • Vous pensez à créer votre entreprise

Licencié, vous cherchez du travail en vain depuis plusieurs mois, vous avez plus de 50 ans et voulez être votre propre patron... L'idée de créer votre entreprise vous tente, mais vous savez que ce n'est pas facile, et que vous devrez faire preuve de nombreuses compétences et de nombreuses qualités pour faire face aux multiples aspects de ce pari. Vous êtes bien conscient que ce choix va remettre en question votre situation financière, votre vie sociale, familiale, et vous demander un lourd investissement en temps comme en argent. Avant de vous lancer dans l'aventure, vous aimeriez savoir si vous avez les atouts nécessaires pour réussir.

### • Salarié, vous voulez devenir libéral

Prendre votre liberté vis-à-vis d'une hiérarchie, gérer votre vie, vos horaires comme vous le souhaitez est un rêve que vous voudriez réaliser, mais vous êtes inquiet sur vos capacités à gérer cette situation qui demande rigueur et ténacité, entre autres qualités.

# Bilan de compétences

# Que pouvez-vous en attendre ?

Dans ce chapitre :
- sur le plan professionnel
- sur le plan comportemental
- sur le plan personnel

Vous avez fait le point de votre situation professionnelle et vous pensez qu'un bilan de compétences pourrait vous aider. Voyons ce qu'il peut vous apporter. Peut-être serez-vous étonné de tous les avantages que ce bilan peut vous offrir. Car si son appellation est bien « bilan de compétences », il va beaucoup plus loin : en effet, le profil d'une personne ne peut se limiter à des critères strictement professionnels ; même sans avoir une démarche très « psy », il est indispensable de tenir compte non seulement des traits de caractère, mais aussi d'un environnement affectif passé ou présent qui détermine bien des choix.

UN BILAN : QU'EN ATTENDRE

## Qu'est-ce qu'une compétence ?

**● La capacité à réaliser une tâche à la fois correctement et dans un laps de temps donné.**
**● L'aptitude à exercer des responsabilités.**
**On distingue :**
**● Des compétences présumées : celles qui sont supposées avoir été acquises pendant les études, sanctionnées par un diplôme. Exemple : avec un CAP d'esthétique, vous êtes censée savoir faire des soins du visage. Ce sont aussi celles que vous avez acquises dans votre vie professionnelle : dix années d'expérience dans un domaine précis vous ont en principe donné des compétences dans votre métier.**
**● Des compétences reconnues : celles qui sont validées soit par des données chiffrées, soit par une attestation d'un employeur. Un commercial peut facilement prouver ses compétences en montrant ses chiffres de vente, par exemple.**

## Une notion variable

**Ainsi, si vous parlez très bien anglais aujourd'hui, que deviendra votre niveau dans deux ans si vous ne pratiquez plus du tout ? Elle est aussi de plus en plus évolutive : un médecin, un informaticien qui ne se forment pas en permanence sont vite dépassés et ne sont plus opérationnels dans leur métier.**

# Sur le plan professionnel

## • L'identification de vos compétences

C'est la raison d'être du bilan et de toute évolution professionnelle. Votre employabilité dépend de votre niveau de compétences et du bon usage que vous en faites. Dans un univers professionnel où règne l'insécurité, des compétences régulièrement actualisées constituent le parachute le plus valable qui soit.

## • Un palliatif à vos points faibles

Vous avez sans doute quelques points faibles. Personne ne peut être bon partout. Le bilan vous permettra de savoir comment combler au mieux vos lacunes, par une formation complémentaire par exemple, mais il vous apprendra aussi à éviter les situations « à risque » pour vous, celles où vos points faibles seront le plus voyants. Ne soyez pas obnubilé par ces aspects négatifs de votre parcours. Tournez-vous plutôt vers vos points forts.

### Devenez excellent là où vous êtes bon

Il est beaucoup plus facile de devenir très bon quand on est bon que de devenir moyen là où l'on est faible.
L'échec entraîne l'appréhension, le manque de confiance en soi, qui induit l'inhibition et bien souvent l'échec. La boucle est bouclée et le cercle vicieux s'installe.
Lorsque vous savez que vous allez réussir dans une tâche, vous n'avez pas (ou peu) d'appréhension. Vous avez le sentiment d'être compétent, cela vous valorise, vous donne confiance en vous et vous aide à réussir. Vous aimez ce que vous faites. Cela vaut aussi bien pour réussir un gâteau que pour réparer une mobylette ou monter un dossier de financement.
Le sentiment de compétence pour une tâche, quelle qu'elle soit, nourrit l'intérêt, l'efficacité, la rapidité, l'aisance à l'accomplir. Laissez-vous doper par vos points forts, soyez-en fier.

## • Une aide pour constituer un dossier de candidature bien ciblé

Un vendeur sera-t-il persuasif s'il ne connaît pas le produit qu'il vend ? Sans doute pas. Alors, pouvez-vous persuader un employeur potentiel de vos qualités et de vos compétences si vous-même ne les connaissez pas bien ? Le bilan fait l'état des lieux avec vous.

## • Une politique pour rebondir en cas de « pépin »

Personne n'est à l'abri d'un dépôt de bilan de son entreprise, de rachat ou de fusion entraînant des mutations ou des licenciements... Quand ça bouge dans l'entreprise, il faut se tenir prêt à rebondir, comprendre le contexte, résister aux pressions, saisir les opportunités, argumenter pour défendre ses intérêts. Le bilan vous donne des clés pour utiliser vos capacités, être en alerte, et considérer vos échecs comme le point de départ d'une nouvelle vie.

## • Une tactique pour développer des arguments en vue d'une promotion interne

Vous pensez que, dans l'entreprise, tout le monde est au courant de votre travail, de vos succès ? Détrompez-vous. Les relations publiques à l'intérieur de l'entreprise sont tout aussi indispensables que celles à l'extérieur. Si vous ne lui posez pas de problèmes, votre employeur a peut-être tendance à vous oublier... Faites-vous remarquer avec tact.

## • Une clarification de votre situation

Vous ressentez un mal-être diffus dont vous avez du mal à identifier les causes, vous avez des relations difficiles ou souvent conflictuelles avec des collègues, votre hiérarchie, vous êtes souvent tendu, voire agressif, vous « ruminez » des griefs contre votre entreprise... Ces situations mobilisent votre énergie sans résultats positifs. Le bilan de compétences vous permet de mieux comprendre la véritable origine de votre malaise et vous offre des pistes pour être plus souple, plus tolérant, tout en sachant vous faire respecter. Il peut aussi vous aider à trouver des possibilités de négociation avec votre employeur pour améliorer vos conditions de travail.

UN BILAN : QU'EN ATTENDRE

### Une notion fragile

**La notion de compétence est aussi fragile car elle est indissociable du mental et de l'environnement ; elle peut être inhibée ou au contraire exacerbée par le milieu ambiant et la qualité du relationnel. Un climat de tension et de méfiance est contraire à l'épanouissement des compétences, un contexte de calme et de confiance les favorise.**
**Les compétences peuvent être généralistes ou hautement spécialisées. Ainsi un ophtalmologiste est généraliste dans sa fonction, un ophtalmologiste chirurgien de la cornée est spécialiste.**

### Comment agit le bilan sur vos compétences ?

- **Vous avez des compétences de bon niveau : le bilan vous aide à les exploiter au mieux de vos intérêts.**
- **Vous avez des compétences insuffisantes : le bilan vous donne des pistes pour les développer.**
- **Vous manquez de compétences : le bilan vous met en garde contre les situations pièges à éviter parce que vous ne pourrez y réussir.**

UN BILAN : QU'EN ATTENDRE

## Expériences vécues

● **À 38 ans, Marie-France est une femme d'affaires accomplie. Responsabilités, hauts revenus, voyages : que demander de plus ? Travailleuse acharnée, elle a toujours fait passer sa carrière avant tout. Aujourd'hui, elle sait qu'il serait temps de penser à avoir un enfant, mais elle recule toujours. Septembre, voyage aux États-Unis, janvier, lancement d'un nouveau produit... Comment envisager une grossesse quand on vit à 200 à l'heure ? Son mari se désole de son attitude. Elle sait qu'elle risque gros à privilégier sa carrière, mais elle ne sait comment « décrocher ». Le bilan lui permet de faire le point de ses vrais désirs, en dehors de toute pression familiale.**

● **Séverine a toutes les qualités requises pour obtenir la promotion qu'elle espère. Toutes sauf une. Sa nouvelle fonction va la mettre dans l'obligation de prendre souvent la parole en public, elle qui est timide et discrète. Elle a même failli refuser le poste pour cette seule raison, tant cela l'inquiète. Le bilan de compétences l'oriente vers une formation adaptée à son problème précis.**

### • La détermination de votre niveau

Autodidacte, vous avez un parcours sans faille mais, face à de jeunes diplômés, vous vous sentez parfois en porte-à-faux. Le bilan de compétences ouvre la voie à la VAE, ou valorisation des acquis de l'expérience, qui vous situe sur une échelle de formation, définit votre niveau, dope votre moral s'il est à la baisse, et vous permet de mieux vous « vendre » éventuellement sur le marché de l'emploi.

### • Le choix d'une formation adaptée

Vous voulez évoluer dans votre travail, mais vous ne savez pas comment. Vous vous sentez un peu dépassé dans votre fonction et avez besoin d'une mise à niveau. Ou encore vous ressentez la nécessité d'obtenir des compétences en « extra » pour sortir du lot. Le bilan de compétences vous permet de décider d'une formation complémentaire qui vous donne des chances de promotion, ou la possibilité de rester opérationnel. Et si vous voulez complètement changer de voie, le bilan vous orientera vers une branche qui vous convient.

### • La découverte et l'exploration de votre potentiel

Si vous ne faites pas travailler un muscle de votre corps, il s'atrophie. Ce phénomène s'applique aussi à l'esprit et aux capacités. Votre potentiel n'est peut-être pas exploité à fond dans votre vie professionnelle actuelle. Ou il est méconnu. Le bilan cerne les capacités cachées, permet de les réactiver pour les utiliser.

### • Un coup de pouce pour analyser et surmonter vos échecs

Rater un marché, mal négocier un contrat, louper une promotion, être mis sur la sellette par un employeur mécontent, cela arrive souvent dans la vie professionnelle. Certains ont la faculté de laisser passer l'orage et mobilisent leurs forces pour comprendre la cause de leurs problèmes et y remédier. Si vous êtes de ceux que l'échec ébranle profondément, si vous n'en comprenez pas les raisons, votre propre estime va en souffrir, et vous douterez de vos capacités. Le bilan vous aide à tirer des enseignements positifs de vos échecs, à tourner la page et à repartir d'un bon pied en ayant pris conscience des comportements à risque.

## • Une étude objective de vos motivations

Vous dites avoir envie de changer d'emploi. C'est parfaitement possible. Mais il faut vérifier que cette volonté de changer de cadre professionnel ne cache pas un mal-être plus profond. Parfois, on sent confusément un besoin de changer de vie sans pouvoir en identifier la cause ; alors on pense changer d'emploi, sans s'apercevoir que c'est du côté de la vie privée que le changement s'impose.

## • Une mise en garde contre les modes

Dans le domaine de l'emploi, elles existent aussi. Successivement, ce sont les secteurs de l'environnement, du multimédia et de la communication, puis du social qui ont attiré les actifs. La raison n'en est pas uniquement économique. Il est normal d'être attiré par un métier qui offre des débouchés et des possibilités de promotion et de rémunération importantes. Certains métiers sont très évolutifs, en positif comme en négatif. Il faut donc être toujours au top de ses compétences, et aussi être conscient qu'il faudra peut-être envisager un jour une reconversion.

### Un mot clé du bilan : la prise de conscience

Le consultant, au cours de votre bilan, ne porte pas de jugement de valeur sur votre parcours. Il ne vous assène pas un point de vue purement rationnel. Il vous amène à prendre conscience de faits, d'attitudes, de comportements, de choix qui ont été les vôtres, et à réaliser dans quelle mesure il serait opportun, éventuellement, de les adapter. Une fois que le besoin de changement est bien compris, bien assimilé, il est plus facile de passer à l'acte.

UN BILAN : QU'EN ATTENDRE

### Projet professionnel : indispensable ou utopique ?

**Mener un parcours linéaire, progressif, satisfaisant les désirs et les besoins et optimisant les compétences, est-ce encore possible aujourd'hui ? Certaines personnes, aigries par des échecs répétitifs, en doutent. Elles pensent plutôt qu'il faut être opportuniste et fataliste.**

**Soyons réaliste : vous travaillez sans doute en priorité pour subvenir à vos besoins matériels. C'est le cas d'une large majorité des actifs. « L'alimentaire » est tout à fait honorable. Mais si, en plus, vous pouviez vous épanouir dans votre travail parce que vous donnez le meilleur de vous-même, parce qu'on vous apprécie à juste titre pour vos qualités et vos compétences, parce que vous êtes content d'aller travailler chaque jour, vous refuseriez ? La mise au point d'un projet professionnel tend à satisfaire ces ambitions légitimes.**

UN BILAN : QU'EN ATTENDRE

## À la recherche du travail idéal

**Quelles sont les caractéristiques du travail idéal ?**

- **Il couvre vos besoins financiers**
- **il vous incite à donner le meilleur de vous-même**
- **il valorise vos talents**
- **il vous laisse le temps de vivre**
- **il vous épanouit socialement, intellectuellement**
- **il vous stimule sans vous stresser.**

**Le bilan de compétences, s'il ne peut vous garantir l'emploi idéal, vous donne en tout cas les moyens d'essayer de le trouver. Il est le premier pas de la gestion de votre carrière.**

### • L'analyse d'un projet

Vous avez quelques idées, mais vous n'avez pas approfondi vos recherches. Le bilan peut, dans un premier temps, juger de la faisabilité de ce projet en fonction de votre personnalité. Ensuite, il faudra continuer les recherches pour compléter votre approche et vérifier que le projet est réalisable.

### • Une validation de votre projet

Le bilan permet de savoir si votre projet est réaliste, compte tenu de vos qualités, de vos compétences, du profil du poste que vous visez, et de l'état du marché du travail. Ce feu vert d'un professionnel vous conforte dans votre décision. Mais il peut aussi, au contraire, vous dissuader de persévérer dans une voie qui n'est pas faite pour vous. Mieux vaut éliminer un projet irréaliste dès le début plutôt que de perdre du temps à échafauder des montages voués à l'échec. Ce « deuil » vous permettra de rebondir sur d'autres idées et d'expérimenter d'autres pistes.

### • Une orientation vers des ouvertures inattendues

Le consultant relève parfois dans la conversation des allusions qui dénotent un goût, une tendance, un penchant, un désir refoulé ; et s'il n'est pas possible de le satisfaire pour l'instant, pourquoi ne pas l'avoir à l'esprit ? La vie est faite de hasards et de rencontres, et la chance, ça se provoque.

### • L'analyse de vos intérêts professionnels

Bien souvent, dans un parcours, les changements se font par opportunité, et il n'est pas certain que l'intérêt professionnel en soit le premier critère. Par un souci de sécurité parfaitement compréhensible, on reste en place, et on en vient à oublier ses propres intérêts. Le bilan vous permet de savoir ce qui serait bien pour vous, pour votre épanouissement.

### • La détermination de votre capacité à évoluer

Votre objectif de promotion ou de changement n'est réalisable que si vous avez à la fois la ferme volonté de bouger et la capacité de vous adapter à une autre fonction, à un autre milieu, à une autre culture d'entreprise. Certains professionnels sont « en dessous » de leur potentiel par simple crainte de l'inconnu, ou encore, trop modestes, ils pensent ne pas avoir les possibilités intellectuelles de faire mieux ; d'autres prétendent évoluer sans s'y être préparés, et s'étonnent de leurs échecs... Le bilan étudie à la fois votre motivation pour évoluer et la pertinence de ce désir en fonction de vos capacités.

## • La mise au point des arguments clés pour obtenir une augmentation

Vous travaillez consciencieusement, et depuis plusieurs années. Très bien. Mais la longévité n'est pas un argument clé pour prétendre à une augmentation. Il est nettement préférable de faire valoir à votre employeur ce que vous lui rapportez. Vous représentez une valeur marchande. À vous de faire monter les enchères, mais il faut que vos arguments soient bien ciblés et irréfutables. Le bilan de compétences permet de les définir et de trouver des preuves pour les étayer.

## • Un recadrage pour rester opérationnel

Pendant des décennies, le monde du travail a été statique, malgré d'incontestables progrès techniques. On entrait en entreprise comme en religion et, le plus souvent, la carrière se déroulait sans accroc et sans inquiétude. Les années 1970 ont vu la fin de cette sécurité de l'emploi. L'univers professionnel est depuis en pleine mouvance, avec parfois de sérieux changements qui ont des incidences humaines importantes. Dans cet environnement en permanente évolution, la seule chance de survie, et *a fortiori* de progression, passe par une adaptabilité sans faille. Il faut sans cesse « coller » au profil type, rester productif et performant. Or, il n'est pas si facile d'être toujours en éveil. L'être a tendance à s'installer dans des repères qui le sécurisent et qu'il a bien du mal ensuite à abandonner.

## • Une relance de votre motivation

La routine a peu à peu gommé votre dynamisme et votre motivation pour aller de l'avant. Le bilan de compétences peut vous donner des pistes pour relancer votre carrière, viser une promotion interne, organiser vos relations publiques.

UN BILAN : QU'EN ATTENDRE

### Expériences vécues

**● Frédéric est comptable ; au cours des entretiens avec son consultant, il dit « J'adore la musique », puis « Quand je veux me détendre, j'écoute Mozart », et encore « Je joue du piano de temps en temps; quand j'étais jeune, je jouais de la guitare dans un orchestre amateur ». « Pourquoi ne travaillez-vous pas dans ce domaine de la musique qui vous attire tant ? » Frédéric n'y avait pas pensé, dissociant complètement sa vie privée et sa vie professionnelle.**

**● Gaëlle a une âme de journaliste et de globe-trotter. Mais elle est technicienne dans un laboratoire de biologie. Sur le conseil de son consultant, au cours d'un voyage dans une île peu connue des Antilles, elle interroge les habitants, prend des photos et écrit un article. À son retour, elle le propose à plusieurs journaux. Il a été publié. Elle est devenue pigiste et pense bientôt pouvoir intégrer une rédaction.**

UN BILAN : QU'EN ATTENDRE

## Peut-on vraiment choisir son destin professionnel ?

**Les postes à pourvoir étant peu nombreux, il est rare d'avoir l'embarras du choix. La grande majorité des actifs aujourd'hui ont une fonction qui ne correspond pas complètement à leurs attentes. Il n'est pas interdit d'espérer trouver l'emploi de vos rêves, celui qui comblera tous vos désirs. Mais soyons clairs : si le bilan de compétences peut vous aider à savoir ce que vous voulez, il ne vous garantit pas de l'obtenir. Son mérite est de vous rendre clairvoyant, et attentif à votre potentiel. Cela vous permet d'être en éveil et de ne pas laisser passer les opportunités favorables. Il est préférable de penser « je vais trouver ce qui est bien pour moi » que « j'ai eu tort de laisser passer une occasion ».**

## Subir, accompagner ou initier ?

Lorsqu'une société bouge, il y a trois attitudes possibles :
– subir le mouvement, dans la résistance ou l'agressivité, ce qui ne débouche jamais sur une situation positive ni valorisante ;
– accompagner en étant partie prenante, c'est-à-dire en réussissant à trouver une situation plus ou moins satisfaisante ;
– initier, c'est-à-dire prendre les devants en essayant de prendre la meilleure part.

Le bilan de compétences vous aide à ne pas être passif, mais au contraire à être actif face à une situation qui ne vous convient pas.

### • La connaissance de votre environnement socioprofessionnel

Vous ne lisez pas régulièrement la presse professionnelle de votre secteur, vous ne fréquentez pas les réceptions et les conférences de presse des leaders de votre branche ? Il est alors probable que vous ne connaissiez pas très bien le marché de l'emploi dans votre secteur, le profil type recherché dans votre métier. Votre consultant, surtout s'il travaille pour un cabinet spécialisé, connaît le monde du travail dans lequel vous évoluez. Il sait quelles sont les tendances, les profils recherchés. Il peut en principe parfaitement vous dire si vous pourriez être un candidat intéressant pour une entreprise si vous deviez vous trouver demain en situation de recherche d'emploi. Il sait ce que vous pouvez représenter pour votre employeur : un collaborateur précieux, ou un collaborateur dont le départ ne serait pas regretté. Ce n'est peut-être pas très bon pour votre amour-propre, mais c'est fort utile pour votre avenir.

### • Un repérage dans votre milieu professionnel

Êtes-vous un très bon professionnel, de ceux qui pourraient être repérés par des chasseurs de tête ? Ou n'êtes-vous pas au top des performances qu'on pourrait attendre de vous? Seriez-vous opérationnel et recherché en cas de perte d'emploi, ou auriez-vous du mal à vous positionner dans les gagnants ?

Le bilan vous permet de vous situer sur une échelle de compétences par rapport aux professionnels de votre milieu.

## • Une projection dans l'avenir

« Le nez dans le guidon », pris dans l'engrenage du quotidien, on a peu de temps pour prendre du recul et penser à l'avenir. Le bilan apporte un éclairage nouveau sans favoriser l'utopie. Il vous permet d'établir un projet qui soit à la fois :

– rentable : qui vous permette d'assumer vos besoins financiers;
– réaliste : dans un secteur où existent des offres d'emploi;
– cohérent : accessible avec votre potentiel, ou celui que vous pouvez acquérir grâce à une formation complémentaire;
– épanouissant : qui vous apporte un mieux-être mental.

## • La mise au point d'une stratégie

Avoir un projet professionnel cohérent, c'est bien; le réaliser, c'est mieux. Le bilan fixe les étapes de cette réalisation : planning de formation ou de recherche…, et si possible établit un calendrier. Le fait d'avoir des dates butoirs est important, car il motive et permet d'organiser dans le temps ses démarches.

### Changer d'emploi ou changer de vie ?

Si vous traversez une période difficile de votre vie, vous pensez peut-être qu'un changement d'emploi vous permettra d'avoir une bouffée d'air pur, un nouveau centre d'intérêt ou de préoccupations, et que de ce fait tout ira mieux. Attention aux déconvenues. Un changement d'emploi ne doit pas être un moyen de fuir des problèmes d'un autre ordre. Il est important de ne pas mélanger les domaines pour ne pas vous exposer à une cruelle déception. Un nouvel emploi qui vous convient davantage et vous épanouit peut en effet contribuer à votre qualité de vie, mais changer pour changer n'est pas une solution recommandable. Le bilan vous offre la possibilité de faire la part des choses.



### Expérience vécue

**Nadia a toujours travaillé dans l'entreprise familiale. Celle-ci vient de fermer ses portes. Nadia se sent perdue dans un marché de l'emploi qu'elle ne connaît pas, protégée jusqu'alors par un environnement où régnait, du moins apparemment, une totale sécurité. Le bilan lui a permis de savoir comment se situer et de choisir un secteur dans lequel ses qualités personnelles auront le plus de chance de s'épanouir. Elle va intégrer une PME où elle retrouvera une ambiance intimiste.**

UN BILAN : QU'EN ATTENDRE

### Le hasard fait souvent bien les choses

**De nombreux professionnels se sont lancés dans des études, puis dans un métier ou une structure en se laissant guider davantage par le hasard que par leur volonté. Et arrivés à un seuil de leur parcours, ils regrettent ce manque de détermination, parfois jusqu'à se sentir réellement frustrés. Le bilan montre souvent que leurs études, leur carrière correspondent à leur profil psychologique, à leur forme d'intelligence et à leurs aspirations. Rassurés, confortés dans leur orientation, ils se sentent plus libres de progresser.**

# Sur le plan comportemental

## • La justification de certains choix passés

Vous faites un métier que vous n'avez pas vraiment voulu exercer, et vous n'êtes pas satisfait : échecs à répétition, ennui, dévalorisation sont au rendez-vous. Vous culpabilisez peut-être de n'avoir pas su être plus responsable face à ce choix essentiel. « Je me demande comment je me suis embarqué dans cette galère » est une réflexion fréquente.

C'est faire abstraction de ce qui a été, à un moment donné de votre vie, votre contexte financier, affectif, parental…

Le bilan de compétences vous aide à expliquer vos attitudes, vos choix et vous réoriente si nécessaire vers des postes plus adaptés à votre profil personnel.

## • La mise au point d'une stratégie relationnelle

Si vos relations avec votre entourage professionnel sont difficiles, il faut, avant d'envisager une rupture, tenter d'analyser les causes, et les effets de ces tensions.

En comprenant le caractère de « l'autre », ses motivations, parfois même ses névroses, on prend du recul et on est plus disposé à réagir de façon mesurée. Le bilan de compétences peut vous aider à adapter votre comportement à celui de vos interlocuteurs.

## • La mise en évidence de comportements négatifs

Les mêmes causes produisent les mêmes effets ; les problèmes ou les échecs à répétition ont souvent pour origine un même comportement inadapté à la situation ou aux personnes. Le bilan permet de l'identifier pour éviter de renouveler les erreurs.

## • Trouver ou retrouver le plaisir de travailler

Une chose est certaine : on travaille beaucoup mieux quand on est heureux de ce qu'on fait. Le bilan peut vous donner ou vous redonner ce plaisir à travailler, parce que vous vous réalisez dans ce que vous faites. Il suffit de peu, parfois, pour que tout aille mieux, comme des rapports plus sereins avec l'entourage professionnel par exemple. À partir du moment où vous savez où vous vous situez et où vous voulez aller, il sera plus facile pour vous de vous positionner dans un groupe.

## • Améliorer vos relations avec les autres

Dans un contexte concurrentiel, il est facile de se croire menacé en permanence et de voir en ses collègues des rivaux potentiels. Après un bilan de compétences, vous serez plus sûr de vous et mieux intégré dans votre groupe. Les contacts seront plus sereins et votre lucidité plus aiguë.

UN BILAN : QU'EN ATTENDRE

### Expérience vécue

**Frédéric est intelligent, rapide, dynamique et possède un très bon savoir-faire dans sa branche professionnelle. Il a apparemment tout pour réussir mais, à 40 ans, il en est à son troisième licenciement. Le bilan de compétences lui a permis de reconnaître qu'il a aussi des traits de caractère rédhibitoires aux yeux d'un patron : manque de souplesse et de diplomatie, manque de rigueur... Le consultant l'a aidé à décortiquer ses expériences et à en tirer des conclusions utiles pour la suite de son parcours.**

UN BILAN : QU'EN ATTENDRE

### Portrait robot

**Avec toutes les dimensions de votre profil que nous évoquons dans ce chapitre, le consultant dresse un portrait robot de la personne que vous êtes, et de celle que vous pouvez devenir avec, en adéquation, le type de poste dans lequel vous avez le maximum de chances de vous épanouir. Car n'oubliez pas que l'objectif d'un bilan est surtout de vous faire évoluer vers un mieux, un plus.**

# Sur le plan personnel

## • Le repérage de vos fausses bonnes excuses

De nombreux professionnels disent, en parlant de leur parcours : « Si j'étais plus jeune, plus doué, plus cultivé…, je ferais…» Ce conditionnel est en général un paravent pour ne pas bouger. Le bilan, nous l'avons dit, est fait pour inciter au changement, à l'évolution. Il peut déranger parfois un relatif confort. Si le candidat au bilan a toujours le choix de suivre ou non les avis qui lui sont donnés, le consultant, lui, a le devoir de lui dire ce qu'il pense.

## • Le repérage de vos fixations

Elles sont le plus souvent inconscientes, et c'est au cours des entretiens que le consultant les repère. « Mon père disait…, ma mère voulait…, mon frère est très brillant… » L'attitude familiale est pour beaucoup dans l'orientation des carrières, et elle devient chez certaines personnes un véritable objet de fixation qui paralyse l'action. Le bilan de compétences peut mettre le doigt sur ces pensées et inciter à une certaine forme de libération.

## • La clarification de vos contraintes

Qui est complètement libre de ses actes et de ses choix ? Vous avez probablement un certain nombre de contraintes à respecter, sur le plan géographique (nécessité de demeurer dans une ville pour raisons familiales), sur le plan financier (nécessité d'avoir un certain niveau de revenus pour subvenir à vos besoins et à ceux de votre famille), sur le plan personnel (question de santé, par exemple). Le bilan vous permet d'en faire le tour en toute objectivité.

## • La mise en évidence de vos blocages

Nous avons parfois, dans certaines circonstances, un comportement d'évitement dont nous ne sommes d'ailleurs pas toujours conscients. Cela peut considérablement freiner notre évolution, ou encore compliquer nos relations avec notre hiérarchie ou nos collègues. Le bilan met le doigt sur ce type de comportement qui tend à se répéter souvent à notre insu. Si nous en prenons conscience, nous pouvons être en alerte et y remédier.

## • La mise en évidence de vos limites

N'y voyez pas un caractère péjoratif. Nous avons tous nos limites, dans tous les domaines, et ce n'est pas pour cela que nous ne sommes pas performants. Encore faut-il ne pas s'aventurer dans des domaines pour lesquels nous n'avons pas les compétences ou les qualités requises.
Il peut s'agir de :

– Limites intellectuelles

Il n'est pas question de vous étiqueter selon votre quotient intellectuel, mais de tenir compte de votre forme d'intelligence. Prenons un exemple : vous avez toujours rêvé d'être biologiste ; mais... vous avez toujours été mauvais dans les matières scientifiques. Il s'agit là d'une limite d'ordre intellectuel à votre désir.

– Limites émotionnelles

Si vous êtes particulièrement émotif, vous ne serez pas à l'aise dans certains métiers. Comment s'orienter vers l'humanitaire quand on est déstabilisé par la misère ?

– Limites psychologiques

Comment supporter un métier stressant lorsqu'on perd pied facilement si on est bousculé ?
Le bilan définit précisément vos limites. Mais il se peut que vous-même soyez agréablement surpris. Si vous dites « Non, je ne me sens pas capable de... », il est fort possible que votre consultant vous réponde « Moi, je pense qu'au contraire, vous l'êtes ».

UN BILAN : QU'EN ATTENDRE

### Écoutez-vous !

**On vous a probablement souvent répété qu'il ne fallait pas s'écouter, c'est-à-dire prêter attention à ses états d'âme. Eh bien, c'est un tort. Relativisons : être attentif à votre humeur pour en reporter les effets plus ou moins négatifs sur les autres ou pour ressasser vos problèmes n'amène à rien. En revanche, savoir vous écouter pour être actif, initier une évolution est un atout. Vous serez mieux dans votre vie professionnelle et de ce fait dans votre vie privée. Alors, n'hésitez plus.**

UN BILAN : QU'EN ATTENDRE

## La générosité de Sandrine

**Assistante du responsable commercial d'une entreprise industrielle, Sandrine était débordée en permanence, malgré un sens aigu de l'organisation. Le consultant comprit vite que Sandrine était trop bonne, ne savait pas dire non et prenait tout le travail qu'on lui confiait sans jamais fixer de limites. Elle était toujours à l'écoute des problèmes des autres sans que cela soit reconnu comme une qualité. Sandrine avait une limite psychologique qui lui était préjudiciable. Sa générosité spontanée fut bien plus appréciée et épanouie dans le milieu médical où elle trouva un poste.**

## • Une remise en confiance

Si vous vous sentez dévalorisé par une mise au placard, une longue interruption de carrière, une politique de harcèlement plus ou moins délibérée : le bilan de compétences peut vous sécuriser, vous ouvrir des horizons pour résister… ou décider de partir.

Si vous hésitez à demander promotion ou augmentation, le bilan de compétences peut vous rassurer sur le bien-fondé de votre désir et vous donner des arguments pour constituer votre dossier.

## • Une forme de libération

Vous avancez dans votre vie professionnelle pour assurer votre quotidien et assumer vos responsabilités. Raisonnable, vous avez au fil du temps bridé votre fantaisie et vos désirs profonds. Les idées folles, surprenantes, vous les jugez irréalistes et vous les avez refoulées. Le bilan n'a pas pour vocation de vous faire prendre des risques, mais il n'occulte aucune piste. Il étudie les possibilités de réalisation de vos idéaux, en compatibilité avec vos impératifs.

### Avoir plus

Le bilan peut vous permettre…
– de gagner plus d'argent
– d'avoir plus de temps pour vous
– d'avoir une reconnaissance sociale, intellectuelle
– d'avoir des relations plus sereines
– de réaliser vos ambitions

### Et être plus

Le bilan peut vous permettre de devenir
– plus performant
– plus épanoui
– plus lucide
– plus tolérant
– plus investi
– plus armé pour réussir

## En résumé...

Le bilan vous apprend :

• Ce que vous savez faire : techniques acquises, problèmes que vous savez résoudre, décisions que vous savez prendre, enjeux économiques, sociaux, humains que vous savez gérer, comportements que vous savez adopter...

• Dans quel contexte vous savez le faire : environnement professionnel, secteur d'activité, taille de l'entreprise, contexte « culturel » (dans certains domaines, on travaille dans l'urgence en permanence ; dans d'autres, il faut sans cesse s'adapter...).

• Ce que vous ne voulez plus faire : parce que cela vous déplaît, ou vous angoisse, ou parce que vous n'êtes pas efficace...

• Ce que vous ne savez pas bien faire, mais où vous pourriez vous améliorer, par une formation, par de l'expérience.

• Ce que vous ne saurez jamais faire, parce que vous n'avez pas l'expérience, la formation de base, la forme d'esprit nécessaire...

• Ce que vous êtes : qualités, dispositions, désirs, centres d'intérêt, contraintes...

• Ce que vous voulez devenir : objectif d'évolution.

• Ce que vous ne voulez pas devenir : parce que cela ne correspond pas à vos besoins, à vos désirs.

• Les domaines qui pourraient vous convenir : métier, type d'entreprise, style de poste, niveau de responsabilité.

• Les sources d'information susceptibles de vous aider à progresser dans votre projet : ouvrages, centres de documentation, coach.



## Expérience vécue

**Daniel, titulaire d'un BTS d'informatique, travaille avec succès dans la même entreprise depuis six ans. Il voudrait progresser, mais ne sait pas comment faire. Il confie à son consultant qu'il aimerait occuper dans son entreprise le poste de directeur Informatique qui va bientôt être vacant, le titulaire partant à la retraite, mais cette fonction n'est pas accessible sans diplôme d'ingénieur. « Vous tentez de postuler en proposant de suivre la formation indispensable », suggère le consultant. « Je ne suis pas capable, ils ne voudront pas, je n'ai pas les moyens de financer cette formation... », argumente Daniel. Son consultant insiste. Daniel pose sa candidature. L'entreprise lui promet le poste et finance sa formation.**

## Bilan de compétences

# Quelles raisons auriez-vous de ne pas le faire ? Comment le réussir ?

Dans ce chapitre :

- ce qui peut vous empêcher de faire un bilan
- ce qui peut vous pousser à le remettre à plus tard
- ce qui peut vous empêcher de réussir votre bilan
- les risques du bilan

À quoi bon ? je me connais bien… À quoi bon ? il n'y a pas de travail !… Ces réflexions désabusées sont bien connues des consultants. Elles dénotent lassitude et angoisse face à une vie professionnelle dure, à des recherches d'emploi infructueuses, à un avenir sombre. Mais parfois ces arguments cachent une autre réalité : c'est la crainte du bilan lui-même qui freine la démarche. Et même lorsqu'on a vaincu ses propres réserves, une réelle motivation est indispensable pour en tirer le meilleur bénéfice.

FAIRE OU NON UN BILAN

### Un bilan, ça doit « décoiffer » !

**Un consultant efficace n'est pas quelqu'un qui va acquiescer à tout ce que vous lui dites, et vous féliciter pour tout ce que vous avez fait. Il va prendre bonne note de ce qui est positif dans votre parcours, mais son rôle est aussi de vous bousculer, en douceur, avec bienveillance, en vous posant parfois des questions embarrassantes que vous avez pris soin, le plus souvent inconsciemment, d'occulter, et en vous mettant devant certaines évidences qui vous dérangent. À la première minute, vous serez peut-être agacé, contrarié, exaspéré, mécontent... mais très vite vous verrez poindre à l'horizon des ouvertures intéressantes.**

# Ce qui peut vous empêcher de faire un bilan

Un bilan peut être une réelle chance à un moment critique de votre parcours. Il serait vraiment dommage de vous en priver pour de mauvaises raisons. Voici ce qui peut freiner ou empêcher votre prise de décision.

## • La méconnaissance des avantages du bilan

Pourquoi feriez-vous un bilan de compétences si vous n'en connaissez pas les avantages ? Les bonnes raisons de faire un bilan sont sans doute beaucoup plus nombreuses que vous ne le pensez. N'hésitez pas à les répertorier (rendez-vous au chapitre 1).

## • Les doutes sur le profit que vous pourriez en tirer

Vous avez bien défini vos besoins de conseils ou d'orientation, mais vous n'êtes pas convaincu qu'un bilan puisse vous aider et vous orienter vers des solutions. Passez en revue ce qu'un bilan pourrait vous apporter (rendez-vous au chapitre 2). Sachez aussi que la réussite d'un bilan est très largement conditionnée par la qualité de vos relations avec le consultant.

## • La crainte de la situation de test

Vous avez gardé de très mauvais souvenirs des tests passés pendant votre scolarité ou pour une précédente embauche. Vous avez été « cassé », vous vous êtes senti rejeté. Depuis, la situation d'examen vous panique, vous redoutez le jugement des autres. Sans aucun doute, vous manquez de confiance en vous. Sachez qu'un bilan n'est pas fait pour vous démoraliser en mettant l'accent sur vos points faibles. Les tests ne donnent pas lieu à un verdict couperet qui vous exclut, mais plutôt à une prise en compte globale de votre personnalité qui tient compte aussi de votre émotivité et de vos expériences douloureuses dans le passé. Le conseiller qui vous propose ces tests est là pour vous aider, pas pour vous juger, pour ouvrir un dialogue, pas pour trancher sans appel. Sachez que vous ne serez pas confronté à un jugement de valeur, mais à des ouvertures valorisantes et pleines d'espoir. Vos points forts seront optimisés et on vous aidera à pallier vos lacunes. Vous en sortirez valorisé et avec la possibilité de progresser encore.

### • La peur de ne pas être à la hauteur

À la hauteur de quoi voulez-vous vous situer ? À celle de l'image que vous vous faites de vous, de ce que vous pensez qu'on attend de vous. Vous craignez d'être déçu par la réalité. Or, vous allez probablement être agréablement surpris de découvrir des capacités que vous méconnaissiez.

### • La crainte d'une remise en cause perturbante

Vous pressentez que ce bilan va bousculer votre mode de pensée, mettre l'accent sur des comportements inadaptés, peut-être même balayer des idées reçues bien ancrées. Et vous savez qu'il est parfois douloureux de perdre ses repères. Mais on ne résout pas ses problèmes en les considérant toujours avec les mêmes yeux. En regardant d'un œil nouveau votre parcours passé et vos perspectives d'avenir, vous allez vous créer d'autres repères, plus adaptés à votre situation.

### • La crainte de la réaction de votre employeur si vous prenez seul l'initiative du bilan

Vous redoutez la position de votre patron ; il est évident qu'un collaborateur qui demande un bilan de compétences prend en main son avenir et est bien décidé à optimiser ses capacités et ses compétences. Mais l'attitude de votre employeur dépendra beaucoup de la façon dont vous lui présentez votre démarche (rendez-vous page 63). Sachez aussi que vous pouvez effectuer votre bilan en dehors de vos heures de travail, et que, de ce fait, vous n'êtes pas obligé de l'en avertir.

**FAIRE OU NON UN BILAN**

## Arrêtez de vous sous-estimer !

**La modestie est considérée traditionnellement comme une qualité. Mais dans le domaine professionnel, elle empêche d'être lucide. La majorité des candidats au bilan de compétences se sous-estiment. Ils ne pensent pas avoir les qualités qu'on leur prête, ou estiment qu'elles sont sans grande importance. Ils sont surpris de découvrir qu'ils ont de vrais atouts.**

## Entreprises : pour ou contre le bilan de compétences ?

**Plus de 95 % des entreprises connaissent l'existence du bilan de compétences mais seules 45 % d'entre elles encouragent leurs salariés à le faire.**

**FAIRE OU NON UN BILAN**

## Que peut penser votre patron de votre démarche ?

- **Que vous êtes mécontent de votre situation actuelle**
- **que vous allez lui reprocher de ne pas vous donner vos chances**
- **que vous allez lui demander une promotion et/ou une augmentation**
- **que vous allez chercher du travail ailleurs**

**Mais aussi**

- **que vous êtes déterminé, dynamique, investi dans votre travail, motivé pour réussir**
- **que les résultats de ce bilan, si vous les lui confiez, vont lui permettre de mieux utiliser vos capacités, ce qui est un grand avantage pour lui.**

### • Les mises en garde de votre entourage

Dans une conjoncture économique peu favorable, la prudence recommande de ne pas faire de vagues. Vous trouverez certainement des personnes qui vous conseilleront de vous estimer heureux d'avoir un emploi, et de ne pas chercher d'ennuis. Cette frilosité peut vous porter préjudice car, dans une conjoncture difficile, où tout peut arriver du jour au lendemain, il faut être en permanence prêt à rebondir et à s'adapter.

### • La crainte d'être « piégé »

Il se peut que votre bilan montre que vous valez mieux que ce que vous avez : vous serez agréablement surpris, et aussi bien décidé à faire reconnaître vos qualités ; vous allez donc légitimement prétendre à une promotion. Et si cette promotion vous est refusée par votre employeur actuel ? Comment réagir ? Aller chercher ailleurs le poste qui vous convient ? Mais vous aimez votre contexte professionnel et n'avez pas du tout envie de le quitter. Que se passera-t-il ? Vous serez en porte-à-faux avec votre amour-propre, mal à l'aise dans votre travail, plein de rancune à l'égard de votre patron…

Une discussion franche mais sereine avec un membre de la DRH peut vous permettre d'annoncer vos souhaits sans aigreur et sans poser d'ultimatums (rendez-vous au chapitre 7). Si aucun poste correspondant à vos compétences n'est disponible au moment de votre demande, accordez-vous un peu de temps. Et n'oubliez pas non plus que le fait d'être heureux dans son travail justifie parfaitement qu'on soit un peu en dessous de ses capacités. L'ambition peut très bien ne pas être votre valeur primordiale.

# Ce qui peut vous pousser à remettre à plus tard

La procrastination… Derrière ce mot barbare se cache une tendance que vous connaissez certainement : celle de remettre au lendemain ce que vous pourriez faire le jour même. Qui n'a jamais, au retour des vacances d'été, ou dans les premiers jours de l'année nouvelle, pris de bonnes résolutions qu'il n'a jamais tenues ? « Je vais… m'arrêter de fumer, faire du sport, me mettre au régime, faire le point sur ma vie professionnelle… » Sans starter, sans coach, nous savons tous qu'il est difficile d'y parvenir.

Le bilan de compétences est le starter utile à tout redémarrage. Mais pour en tirer le meilleur parti, il faut s'investir dans la démarche. Si vous n'êtes pas prêt, physiquement et psychologiquement, vous risquez d'être déçu.

Voyons toutes les bonnes et toutes les mauvaises raisons que vous pouvez avoir pour repousser votre bilan.

### • Vous attendez que votre meilleur copain le fasse avant vous

Il vous dira ce qu'il en pense et, ensuite, vous prendrez votre décision. Ceci est une mauvaise raison. En effet, vous n'êtes pas votre ami, son consultant ne sera pas forcément le vôtre. Ne comparez pas ce qui n'est pas comparable. Une même expérience, parfois avec la même personne, peut avoir des résultats totalement différents.

**FAIRE OU NON UN BILAN**

### 75 % des salariés sont satisfaits

**À l'issue d'un bilan de compétences, les 3/4 des personnes estiment qu'elles apprécient leur entreprise, mais découvrent aussi que certaines négociations ou certains ajustements leur permettraient d'être plus heureuses d'y travailler.**

FAIRE OU NON UN BILAN

### Timing

**Évitez de programmer un bilan à une période de l'année qui est habituellement chargée pour vous, comme la rentrée des classes ou la préparation des fêtes de fin d'année pour les mères de famille, par exemple, ou encore à une période au cours de laquelle vous allez probablement devoir assumer un surcroît d'activité : un déménagement, la préparation d'une cérémonie familiale…**

## • Les rumeurs sur les problèmes de l'entreprise ont l'air de se calmer

Ce n'était qu'une fausse alerte, vous voici rassuré. Voici encore une mauvaise raison de différer le bilan. Même si l'entreprise se porte mieux que vous ne le pensiez, ce bilan peut vous apporter beaucoup, en interne comme en externe. N'attendez pas pour réagir qu'on annonce un dépôt de bilan ou des licenciements.

## • Vous n'envisagez pas de quitter votre entreprise

Vous aimez votre environnement, votre hiérarchie, il n'est pas question pour vous de partir. Alors, du moins pour l'instant, l'opportunité d'un bilan ne vous paraît pas d'actualité. Cela est une mauvaise raison. En effet, le bilan peut vous permettre de définir ce qui vous manque, ce que vous pourriez obtenir pour être plus épanoui, de relancer votre carrière, d'être plus efficace dans votre emploi, d'envisager une promotion interne à laquelle vous ne pensiez pas…

## • Vous êtes en pleine période de surmenage

Voici une bonne raison de différer votre bilan. Pour être disponible dans votre tête, ne soyez pas épuisé dans votre corps. Attendez d'avoir récupéré et d'être au calme pour entreprendre votre bilan.

## • Votre vie privée est en plein changement

Voici encore une bonne raison de reporter votre bilan. Vous vous mariez, vous allez avoir un enfant, vous divorcez, vous venez de rencontrer le compagnon de votre vie… Votre esprit est accaparé par la situation émotionnellement très chargée que vous traversez. Peut-être même serez-vous amené, dans quelques mois, à devoir envisager un tournant radical dans votre vie professionnelle. Attendez que le plan privé soit stabilisé pour vous engager dans le bilan de compétences.

# Ce qui peut vous empêcher de réussir votre bilan

Vous pouvez avoir pris la décision de faire un bilan de compétences sans être intimement persuadé qu'il puisse vous être utile, ou sans avoir défini votre attente. Certaines attitudes peuvent nuire à la qualité des résultats du bilan.

### • Le manque de vraie motivation

Fataliste, vous vous dites « On verra bien », mais vous ne vous êtes pas investi dans cette démarche.
Un bilan de compétences ne se fait pas en dilettante. Il faut que vous soyez décidé à obtenir une réponse utile à vos interrogations et que vous vous investissiez vraiment.

### • L'erreur de motivation

Vous n'avez pas bien défini ce que vous attendez du bilan, votre objectif est « à côté de la plaque ». Le bilan risque alors de ne pas répondre à votre attente.

### • La prise de décision par un tiers

C'est poussé par votre conjoint, vos enfants, vos parents, vos amis, que vous avez décidé d'entreprendre ce bilan, mais vous n'y croyez pas vraiment. Le bilan est une démarche éminemment personnelle, aussi ne devez-vous pas vous laisser influencer par les tiers. Personne ne peut vous obliger à faire ce bilan, sachez-le bien. Mais si vous le faites, investissez-vous pleinement dedans.

### • Le manque de sincérité

Il n'est pas toujours facile d'avouer ses échecs, surtout quand on en est en grande partie responsable. Alors, presque inconsciemment, on a parfois tendance à arranger un peu la vérité.



### Soyez envieux !

**Le moteur d'un bilan de compétences réussi, c'est l'envie. Envie de ce qui vous manque pour vivre mieux… et ferme décision de tout faire pour l'obtenir.**

### Mais soyez réaliste !

**Attendre d'un bilan qu'il vous procure un emploi parfaitement adapté à votre souhait, « clés en mains », est une erreur. Votre objectif n'est pas réaliste et, dans ce cas, vous risquez d'être déçu.**

FAIRE OU NON UN BILAN

## Donnez du temps au temps

**C. L., consultante, est l'ennemie des bilans express ; elle recommande toujours d'espacer les entretiens, de façon que les idées évoquées aient le temps de faire leur chemin, de mûrir dans l'esprit du candidat au bilan.**

Le bilan est fait aussi pour analyser les échecs, les situations difficiles, voire douloureuses, et pour en détecter les causes. Se cacher la vérité mène tout droit dans une impasse. Le consultant n'est pas là pour juger, encore moins pour condamner, mais pour vous aider à trouver les bonnes voies. On en apprend souvent plus sur soi-même à travers les échecs que par les réussites !

### • Le manque de temps

En dehors des rendez-vous avec le consultant, il faut prendre le temps de réfléchir aux propos échangés, à certains aspects de votre parcours que vous n'avez pas encore approfondis ou encore à des propos de votre consultant qui vous bousculent un peu. Cette phase de maturation suppose une certaine disponibilité d'esprit.

### • Le manque de clarté dans l'expression de vos attentes

Pour qu'un consultant puisse vous aider efficacement, il est important que vous lui expliquiez nettement la nature de vos préoccupations et de vos problèmes, et le type de conseils que vous attendez de ce bilan. Cet objectif doit être posé sans ambiguïté, pour que le consultant puisse de son côté adapter sa prestation à vos besoins.

### • L'attente d'une solution miracle

Les conseillers de l'organisme qui vous fera passer ce bilan sont certainement compétents et très attentifs à votre devenir. Mais n'attendez pas qu'ils vous révèlent à vous-même d'un coup de baguette magique. Fins psychologues, ils cernent vite les personnalités et détectent les traits de caractère marquants mais, pour optimiser leur mission, ils doivent compter sur une totale coopération de votre part. C'est vous qui êtes le décideur, pas votre consultant. Les solutions clés en main sans effort, sans choix, n'existent pas. Le bilan de compétences n'est pas un maternage.

## • La passivité

L'écoute et le soutien rassurants de votre interlocuteur, aussi bienveillants soient-ils, ne doivent pas vous pousser à vous faire assister. Face à ce bilan, montrez-vous autonome. Car ne vous méprenez pas. Compte tenu des fluctuations du marché du travail, en France et en Europe, de la mobilité des postes, et aussi hélas de la précarité de certaines entreprises, il est devenu indispensable d'être toujours vigilant. Le bilan de compétences que vous faites aujourd'hui ou que vous ferez demain n'est que le prélude à une remise en question et à une réévaluation permanente de vos acquis : c'est logique, chaque année vous apporte son lot d'expériences positives ou négatives qui forgent votre potentiel.

## • L'autocensure

Le bilan de compétences est une démarche sérieuse. Mais il ne faut surtout pas censurer vos idées et vos désirs. Il vous est permis de rêver. Des objectifs qui paraissaient irréalisables peuvent parfois amener à des projets cohérents. Vous auriez aimé être danseuse étoile ? Vous êtes un passionné d'opéra ? Votre rêve le plus secret est d'écrire une pièce de théâtre ? Dites-le ! Rien n'est inutile ni anodin pour votre consultant.

FAIRE OU NON UN BILAN

### Permis de rêver

**La vie professionnelle est du domaine du concret, du raisonnable. Mais ne vous interdisez pas de rêver à ce qui vous intéresse vraiment et, pourquoi pas, à ce qui vous passionne. Damien, enfant, se passionnait pour… les poissons. Études difficiles, emplois sans motivation, sa carrière s'annonçait médiocre et sans joie. Dans un coin de sa tête nageaient des dauphins mais il n'osait pas en parler, craignant de passer pour un farfelu. Il fallut tout le tact de son consultant pour qu'il osât évoquer ces mammifères marins. Damien dirige aujourd'hui un centre aquatique et il est enfin heureux… comme un poisson dans l'eau !**

# Les risques du bilan

Comme toute activité humaine, en matière de bilan, le risque zéro n'existe pas. Voici les situations négatives que vous pouvez rencontrer au cours ou à l'issue d'un bilan.

## • La déception

Vous attendiez beaucoup de ce bilan, mais les promesses n'ont pas été tenues.

Vous avez changé de consultant en cours de bilan, les rendez-vous ont été remis plusieurs fois, ou écourtés, le consultant ne vous apporte rien de nouveau, vous avez assisté à des entretiens collectifs alors qu'on vous avait promis des entretiens individuels, les conseils du consultant ne vous semblent pas impartiaux, les entretiens touchent trop le domaine privé de votre vie, les tests écrits n'ont pas été suivis de debriefing, le rapport de synthèse tarde à vous être envoyé…

## • La remise en question

Vous êtes moins performant que vous ne le pensiez, votre bilan a même mis à jour des traits de votre personnalité qu'inconsciemment vous refusiez de voir. Aujourd'hui, vous les considérez comme des failles, des points faibles, et vous vous inquiétez. Finalement, vous vous sentez en danger dans votre emploi, vous vous persuadez que votre patron va réaliser que vous n'êtes pas aussi efficace qu'il espérait et qu'il va vouloir sous peu vous licencier. Vous culpabilisez, vous vous dévalorisez, vous vous inquiétez pour l'avenir.

## • La grosse tête

Vous êtes meilleur que vous ne le pensiez. Finalement, vous vous apercevez que vous occupez un emploi au-dessous de vos réelles capacités ; vous pourriez mieux vous épanouir ailleurs, peut-être avoir des revenus nettement supérieurs. Vous en voulez à votre employeur de ne pas avoir reconnu vos talents et de ne pas vous donner des chances de donner le meilleur de vous-même.

**FAIRE OU NON UN BILAN**

### Que faire quand ça se passe mal ?

**N'hésitez pas à mettre les choses au point si, en cours de bilan, vous vous sentez frustré ou mal à l'aise. Un bilan ne peut pas être efficace sans climat de confiance. C'est une carte importante pour votre avenir que vous jouez !**

### Une remise en question difficile

**Que faire ?**

**Soyez positif. Vous savez maintenant que ces points faibles sont sans doute à l'origine des problèmes que vous avez rencontrés jusqu'ici dans votre vie professionnelle comme dans votre vie privée. En étant averti, vous serez prudent et vous éviterez les écueils.**

### Vous êtes meilleur que vous le pensiez

**Que faire ?**

**N'allez pas brandir le rapport de votre consultant sous le nez de votre employeur. Soyez vigilant pour saisir les opportunités de promotion, parlez avec le DRH ou le responsable du personnel de votre souhait de faire évoluer votre carrière. Soyez sensible à tout ce qui bouge dans votre branche d'activité, surveillez les petites annonces, actionnez le plus possible votre réseau relationnel.**

### • La frustration

Vous êtes fait pour un métier qui n'offre pas ou peu de débouchés, un métier rare ou incompatible avec les impératifs de votre vie personnelle. Il vous semble que votre idéal professionnel est inaccessible et vous en ressentez une grande amertume.

### • La déstabilisation

Finalement vous n'êtes pas celui ou celle que vous pensiez être. Vous êtes ni mieux ni moins bien, simplement différent. Vous réalisez que vous aviez des idées fausses sur un bon nombre de situations, que vos jugements étaient beaucoup moins lucides que vous ne le pensiez. Trop généreux, trop sensible, trop honnête, ou encore trop rigoureux, trop exigeant… Vous ne pouvez pas prendre de recul par rapport aux êtres et aux situations. Vous constatez qu'il faut vous remettre profondément en question, et de ce fait vous doutez de vous.

### • L'obligation de vous prendre en charge

Le bilan vous ouvre une voie. À vous de la suivre. Mais cela demande du temps, de l'énergie, de la persévérance, des doutes parfois. Si vous ne suivez pas les pistes proposées, le bilan n'a pas rempli son objectif. Mais les suivre vous oblige à remettre en cause une routine somme toute sécurisante.

### Pour réussir votre bilan

Participez, réfléchissez, acceptez les vues de votre consultant, remettez en cause vos idées, prenez du recul par rapport aux situations, aux personnes, c'est indispensable pour être responsable de vos choix.



### Comment éviter la frustration

**Envisagez toutes les possibilités d'exercer vos capacités dans un contexte différent de votre vie professionnelle, renseignez-vous pour savoir si des activités de loisir ou de bénévolat vous rapprocheraient de cette branche qui vous plaît tant.**

### L'intérêt de mieux se connaître

**Le bilan ne vous condamne pas, il vous alerte sur ce qui, dans vos attitudes, peut vous jouer de mauvais tours et compromettre plus ou moins votre parcours. Un homme averti en vaut deux, dit le dicton. En connaissant vos faiblesses, vous pouvez éviter les situations dans lesquelles vous risquez l'échec.**

Mesurez bien, avant d'entreprendre le bilan, ce que vous êtes prêt à faire.

# Bilan de compétences
# Y avez-vous droit ?

Dans ce chapitre :

- vous êtes titulaire d'un CDI
- vous êtes titulaire d'un CDD
- vous travaillez dans la fonction publique
- vous êtes demandeur d'emploi
- vous êtes intérimaire

Pour l'une ou plusieurs des raisons évoquées dans le premier chapitre de ce livre, vous pensez qu'il est opportun pour vous de passer un bilan de compétences. Est-ce possible ? Voici vos droits selon votre situation.

DROIT AU BILAN

**Pas de limite d'âge**

Votre âge ne peut en aucun cas être un obstacle au bilan de compétences.

## Vous êtes titulaire d'un CDI

Vous avez droit à un congé de bilan de compétences à condition d'avoir travaillé 5 années (consécutives ou non) dont 12 mois passés dans l'entreprise. (Article L 931-21 du Code du Travail). Peu importe la nature des contrats de travail successifs. Autrement dit, vous pouvez avoir changé d'emploi en interne pendant ces 12 mois. Mais si vous n'avez ni diplôme ni qualification professionnelle, vous avez droit au bilan au bout de 24 mois d'activité dont 12 mois passés dans l'entreprise qui vous emploie actuellement.

## Vous êtes titulaire d'un CDD

Vous pouvez bénéficier d'un bilan de compétences si vous justifiez de 24 mois de travail consécutifs ou non au cours des 5 dernières années, dont 4 mois de CDD, consécutifs ou non au cours des 12 derniers mois. Attention, dans le décompte des 4 mois de CDD, on ne prend pas en compte les contrats d'insertion en alternance, les contrats conclus avec des jeunes gens au cours de leur cursus scolaire et universitaire, un CDD qui se poursuit par un CDI. En revanche, ces contrats sont comptabilisés dans les 24 mois de travail.

Vous pouvez aussi effectuer un bilan de compétences à la fin de votre CDD (rendez-vous page 62).

### Cadres supérieurs, le bilan est-il pour vous ?

Faculté de raisonnement, organisation intellectuelle, sens de l'analyse, esprit de synthèse, justesse de la réflexion, rapidité d'esprit, adaptabilité, capacité d'anticipation, de décision, de négociation, de délégation, de mise en œuvre… sont parmi les qualités maîtresses des cadres supérieurs et des dirigeants d'entreprise. Ces capacités ne sont pas liées à un métier, mais davantage à une fonction. Ce qui explique que deux personnes issues de la même grande École peuvent exercer leurs talents dans des domaines très différents. Le bilan de compétences n'est pas réellement approprié à ces profils. C'est plutôt le coaching, véritable accompagnement de carrière, qui leur est plus adapté.

## Vous travaillez dans la fonction publique

Vous avez droit à un bilan de compétences si vous avez accompli 10 ans de service effectif et si vous êtes motivé par une évolution professionnelle ou géographique. C'est aussi le cas si vous demandez un congé de restructuration. Ce bilan dure en moyenne 20 heures.

## Vous êtes demandeur d'emploi

C'est en principe votre ANPE ou votre APEC qui vous propose ce bilan de compétences appelé BCA (bilan de compétences approfondi), qui le réalise et qui en prend les frais en charge. Mais il se peut aussi que l'on vous oriente vers un organisme qui a passé une convention avec elles.

## Vous êtes intérimaire

Si vous avez un travail temporaire, vous devez avoir 3 années d'ancienneté dans votre société d'intérim, dont 12 mois dans l'entreprise dans laquelle vous demandez ce bilan. À l'issue du bilan, vous pouvez avoir droit à un congé individuel de formation qui vous permettra de compléter votre formation en vue d'une qualification.

## Deux cas particuliers

- Vous êtes agent hospitalier dans un établissement public de santé, social ou médico-social : que vous soyez ou non titulaire, vous avez droit au bilan de compétences après 2 ans de service consécutifs ou non (décret n° 2003-759 du 1er août 2003 modifiant le décret n° 90-319 du 5 avril 1990).
- Vous travaillez dans l'agriculture : vous avez droit au bilan de compétences après 10 ans de service (décret n° 96-1104 du 11 décembre 1996).

DROIT AU BILAN

## Le BCA

**Ce dispositif mis en place par l'ANPE s'adresse aux demandeurs d'emploi, salariés indemnisés ou non par les Assedic, les jeunes diplômés et les créateurs d'entreprise. Il est destiné à dynamiser une recherche d'emploi qui se prolonge, à redonner confiance à un demandeur qui doute de lui, à décrypter les difficultés, repérer les failles du dossier de candidature. Le candidat doit s'engager contractuellement à assister à tous les entretiens prévus (une vingtaine d'heures sur une durée de six semaines, en général) et à réaliser les travaux d'investigation et de recherches qui lui seront demandés.**

**Vous pouvez aussi, étant demandeur d'emploi, prendre l'initiative de ce bilan. Vous choisissez d'abord un centre qui proposera éventuellement de prendre contact avec un organisme susceptible de vous aider (ANPE, APEC). Il est cependant possible que les frais de bilan soient en partie ou en totalité à votre charge. Renseignez-vous bien auprès du centre que vous avez choisi pour ne pas avoir de mauvaises surprises.**

DROIT AU BILAN

## Délais de franchise entre deux bilans

**Le monde du travail évolue très vite et demande une constante adaptation. Par ailleurs, au fil du temps, les compétences évoluent, se développent, la hiérarchie des valeurs et des priorités change. C'est pourquoi il est possible, et même recommandé, de faire plusieurs bilans de compétences dans sa carrière à condition qu'un délai de 5 ans minimum soit respecté entre deux bilans. Ce délai est de 2 ans si vous n'avez pas de diplôme ni de qualification professionnelle.**

## Où vous adresser pour votre cas spécifique

| Vous êtes | Adressez-vous |
|---|---|
| Salarié du secteur privé | – à votre employeur<br>– à l'organisme paritaire (Fongecif *) |
| Salarié du secteur public | – au service formation de votre ministère de tutelle |
| Demandeur d'emploi | – au CIBC *<br>– à l'ANPE ou à l'APEC |
| Intérimaire | – au responsable du personnel de votre entreprise de travail temporaire *<br>– au Fonds d'Assurance Formation du Travail Temporaire * |
| Agent hospitalier des établissements publics de santé, sociaux et médico-sociaux | – à l'Association nationale Formation Personnel Hospitalier * |
| Profession libérale, artisan, commerçant | – au CIBC<br>– au Fonds d'Assurance Formation de votre branche |
| Professionnel de l'agriculture | – à l'Institut national de la Recherche agronomique * |
| Jeune sans qualification | – aux missions locales<br>– aux PAIO |
| Contrat emploi jeune ou CES | – à votre employeur |
| Étudiant, stagiaire de la formation professionnelle, femme au foyer | – au CIBC |

* Rendez-vous au carnet d'adresses.

# Bilan de compétences mode d'emploi

Dans ce chapitre :

- la durée du bilan
- votre rémunération et votre statut pendant le bilan
- le financement du bilan
- les partenaires du bilan
- le contrat de bilan
- les phases du bilan
- vos droits face au bilan

Vous êtes maintenant persuadé qu'un bilan de compétences pourrait être utile à l'évolution de votre parcours. Avant d'entreprendre les démarches, en voici les modalités pratiques.

MODE D'EMPLOI

## Investissement temps

**Pour bien vous organiser, prévoyez le temps que vous devrez consacrer à votre bilan. En effet, aux heures d'entretien, prises sur votre temps de travail en entreprise, le plus souvent, ajoutez le temps de transport aller-retour pour vous rendre au centre de bilan, et les heures de travail personnel qu'on vous demandera peut-être de faire chez vous entre deux entretiens.**

## La durée du bilan

La durée d'un congé pour bilan de compétences doit être inférieure à 24 heures de temps de travail, consécutives ou non. Les heures consacrées au bilan sont considérées comme des heures de travail, ce qui signifie qu'elles doivent être décomptées comme telles pour le calcul de vos congés, de votre retraite, etc. Ce congé peut être réparti sur 6 à 8 semaines, selon le rythme des entretiens.

## Votre rémunération et votre statut pendant le bilan

Votre rémunération, pendant ces heures de bilan, est celle que vous auriez perçue en restant à votre poste de travail. C'est votre employeur qui avance le montant de votre rémunération, et il lui est ensuite remboursé par l'organisme collecteur.

Pendant la durée de votre bilan, votre contrat de travail n'est pas rompu, il est suspendu. Cela signifie que vous conservez votre statut au sein de l'entreprise avec tous les avantages que cela implique : calcul de votre ancienneté, couverture sociale, droits aux congés payés.

## Le financement du bilan

Si c'est votre entreprise qui vous incite à faire ce bilan, c'est le plan formation de l'entreprise qui prend en charge les frais. Ce sont les fonds dédiés à la formation qui sont utilisés.

Si c'est l'ANPE qui vous oriente vers un bilan, c'est elle qui en prend les frais à sa charge.

Si c'est vous qui demandez le bilan, il peut être financé :

– par votre entreprise,

– par le Fongecif, ou un autre organisme paritaire agréé relatif à votre secteur d'activité, à condition que vous remplissiez les conditions requises (rendez-vous page 48),

– par vous-même.

## Les partenaires du bilan

Ce sont les seuls personnes ou organismes à savoir, en dehors de vous, que vous faites un bilan. Selon votre situation :

• vous êtes demandeur d'emploi : l'ANPE ou l'APEC et le prestataire ;

• vous êtes en activité et faites votre bilan dans le cadre de vos heures de travail : votre employeur, le prestataire et l'OPACIF concerné ;

• vous êtes en activité et c'est votre employeur qui finance votre bilan sur le plan de formation ou tout autre plan social : votre employeur et le prestataire ;

• vous êtes en activité, mais vous faites votre bilan en dehors de vos heures de travail : votre prestataire et l'OPACIF concerné.

## Le contrat de bilan

Le bilan de compétences fait l'objet d'une convention tripartite entre l'organisme de bilan, l'organisme qui le finance et vous, selon un modèle type du ministère du Travail. Ce contrat comprend les mentions suivantes :

– conditions de mise en œuvre du bilan

– obligations du centre de bilan

– modalités de financement.

Les CIBC, en plus de ce document officiel, proposent un contrat de bilan, signé entre le centre et vous, qui comporte :

– la fonction de la personne chargée du bilan

– les conditions de mise en œuvre du bilan

– le secret professionnel

– le parcours proposé

– le calendrier prévisionnel des actions que vous devrez mener.

## Les phases du bilan

### • Phase préliminaire

Il s'agit d'une prise de contact, qui vous permet :

– de définir et d'analyser la nature de vos besoins : en effet, votre attente est différente selon vos objectifs et votre conseiller doit savoir ce que vous attendez de cette démarche ;

MODE D'EMPLOI

### Le prix d'un bilan de compétences

**Il est variable selon qu'il est effectué par un cabinet privé ou un organisme public et s'échelonne entre 1000 et 3000 euros. À titre indicatif, la prise en charge financière du Fongecif est de 1 524 euros H.T. au 1/7/2004.**

MODE D'EMPLOI

### Soyez clair

**Plus votre attente sera ciblée, plus vos chances de tirer parti de votre bilan seront grandes. Il est donc essentiel de faire, en amont, c'est-à-dire avant même la première phase du bilan, un examen très sérieux de vos désirs et de vos besoins.**

– de connaître le déroulement de la procédure : les conditions de déroulement du bilan, les outils et les méthodes utilisés, et la façon dont vous allez pouvoir utiliser les conclusions de ce bilan.

Enfin, ce premier entretien doit confirmer votre intérêt à vous investir dans ce bilan car, si vous voulez vraiment qu'il soit déterminant pour votre évolution, vous devez être à la fois persuadé de son efficacité et décidé à y participer activement.

## • Phase d'investigation

Partie essentielle du bilan, cette phase consiste à :
– identifier vos compétences professionnelles et vos aptitudes personnelles,
– cerner vos motivations,
– déterminer vos possibilités d'évolution,
– élaborer un projet professionnel cohérent avec vos possibilités et vos désirs.

## • Phase de conclusion

Aboutissement du bilan, elle consiste en l'exposé de vos résultats et du projet finalisé que vous aviez évoqué au cours de la phase préliminaire. Vous saurez alors si vos projets sont réalisables au regard de vos compétences et de vos aptitudes, si une formation complémentaire doit être envisagée, ou encore quelles devront être les étapes de votre évolution professionnelle.
Un document appelé synthèse du bilan vous est remis. Son texte est strictement encadré par la loi et doit comporter :
– les circonstances du bilan,
– vos compétences et vos aptitudes mises en parallèle avec vos perspectives d'évolution,
– les éléments constitutifs de votre projet, avec éventuellement les étapes de réalisation.
Votre consultant vous soumet cette synthèse afin que vous puissiez faire des observations et des commentaires. Bien évidemment, les propositions faites doivent être réalistes et cohérentes, et vous ouvrir des horizons.

### • Le suivi

Si vous le souhaitez, le centre de bilan de compétences peut vous suivre pendant six mois après la fin de votre bilan. Pour certains, ce suivi est indispensable à la mise au point et à la progression du plan d'action défini lors du bilan. Cette sorte de « coaching » les motive et les rassure. D'autres préfèrent orienter seuls leur parcours.

## Vos droits face au bilan

Le bilan de compétences est un outil d'évaluation et, comme tel, il est possible que vous le redoutiez, *a fortiori* s'il est demandé par votre employeur. Vous craignez que vos résultats ne soient pas à la hauteur de vos espérances et que ce bilan, au lieu d'être un outil de promotion, vous soit défavorable. Pour vous rassurer, voici quels sont vos droits.

### • Vous n'avez pas d'obligation, mais...

Même si votre employeur vous le demande, vous n'êtes pas obligé de passer un bilan de compétences. Avez-vous des sanctions à attendre si vous le refusez ? Votre employeur peut-il l'utiliser contre vous ?

– Votre accord est indispensable pour passer un bilan de compétences.
Autrement dit, votre employeur ne peut pas vous l'imposer. Voici pour la loi. Mais dans la pratique, il est évident que si votre employeur vous le suggère, il ne serait pas de bonne politique de refuser. Vous pourriez voir votre évolution de carrière bloquée, être mis « au placard »... Si vous avez des réticences ou des inquiétudes, ayez une explication franche, demandez quel est l'objectif de ce bilan.

– Le refus de passer un bilan ne constitue pas une faute grave.
Si vous refusez de passer un bilan de compétences, votre employeur ne peut vous reprocher une faute professionnelle et ce refus ne constitue pas un motif de licenciement.
En théorie, vous ne risquez pas de sanctions. Mais votre patron sera sans doute moins disposé à vous accorder une promotion

MODE D'EMPLOI

## Le chemin de fer

**C'est ainsi que l'on peut appeler l'enchaînement des différentes étapes du bilan :**

- **définition de ce que vous attendez de ce bilan**
- **repérage de vos ressources : vos compétences, vos qualités, vos savoir-faire, vos savoir-être**
- **détermination de vos valeurs personnelles**
- **obtention d'informations objectives sur votre environnement professionnel**
- **mise en adéquation de vos compétences et vos capacités avec les métiers qui justement exigent ces compétences-là**
- **élaboration d'un projet mettant en œuvre vos compétences et votre personnalité et qui, de ce fait, vous donne un sentiment d'efficacité et d'accomplissement**
- **étude de la faisabilité du projet**
- **évaluation des risques d'un changement éventuel**
- **choix des outils pour mettre en œuvre le projet : choix de formation, choix de premier emploi, réorientation, développement de carrière, reconversion, recherche d'emploi**
- **établissement d'un planning de mise en œuvre des résolutions prises**

MODE D'EMPLOI

## Et ensuite ?

**Si votre bilan s'achève sur la perspective d'une formation complémentaire, ou sur le projet d'une valorisation de vos acquis, aucun délai ne vous est imposé pour mettre en place l'une et l'autre. Mais nous vous recommandons de ne pas attendre pour engager vos démarches, afin de rester dans la dynamique de progression (rendez-vous page 69 et page 74).**

ou une augmentation de salaire si vous n'acceptez pas la chance qu'il vous offre de booster votre carrière.

### • Les résultats détaillés de votre bilan vous appartiennent

Vous êtes le seul à les recevoir. Si votre employeur ou une autre personne souhaite en prendre connaissance, vous devez donner votre accord. Par ailleurs, les organismes chargés de faire passer les bilans sont liés par le secret professionnel, ce qui veut dire que personne d'autre que vous ne peut avoir connaissance des résultats. Libre à vous ensuite de les faire connaître à qui vous voulez. Les documents relatifs à votre bilan sont détruits immédiatement, sauf si vous demandez un suivi. Dans ce cas, ils peuvent être conservés un an au maximum par le centre de bilans.

## Les précisions du Code du Travail

Le bilan « ne peut être réalisé qu'avec le consentement du travailleur… » qui est « le seul destinataire des résultats détaillés et d'un document de synthèse » (art L 900-4-1).

Bilan de compétences

# Planning et démarches

Dans ce chapitre :
- votre planning
- le choix du consultant
- les outils du bilan
- la demande d'autorisation d'absence
- la demande de prise en charge financière de votre bilan

C'est décidé, vous allez faire un bilan de compétences. Vous avez parfaitement défini votre motivation et savez ce que vous en attendez. Maintenant, vous allez passer au stade des démarches. Commencez par établir un planning. Cela vous permettra de bien programmer votre bilan, en fonction de vos impératifs personnels, car, nous l'avons dit, un bilan demande un peu de temps et surtout de la disponibilité d'esprit, pour être profitable.

PLANNING
ET DÉMARCHES

## Bilan hors temps de travail

**Les candidats au bilan en dehors des heures de travail sont de plus en plus nombreux. Pourquoi ?**

**● C'est le meilleur moyen pour que l'employeur n'en prenne pas connaissance puisque, dans ce cas, vous n'avez pas à lui demander un congé. À considérer si vous êtes persuadé que votre employeur réagira mal à l'annonce de ce bilan.**

**● Votre absence risque de nuire à la bonne marche de votre service et de mettre l'employeur dans l'embarras.**

# Votre planning

Soyez très respectueux des délais car le moindre retard peut entraîner un refus et un report de plusieurs mois.

• Choisissez votre centre de bilan (rendez-vous page 60).

• Faites une demande écrite à votre employeur pour obtenir une autorisation d'absence.
Au moins 3 mois avant le début de la date prévue pour le bilan si vous êtes en CDI, au moins 4 mois si vous êtes en CDD (modèle de lettre 1, voir p. 63).

• Attendez la réponse de votre employeur : il dispose de 30 jours pour vous répondre. Il peut vous demander de reporter la date de votre congé de bilan si votre absence aux dates que vous avez prévues est préjudiciable à la bonne marche de votre travail. Mais ce report de dates ne peut être supérieur à 6 mois.

• Lorsque vous avez l'accord de votre employeur, vous demandez la prise en charge financière de votre congé à l'organisme paritaire agréé auquel cotise votre employeur (modèle de lettre 2, voir page 64). Celui-ci vous renverra un formulaire à remplir. Cette demande de formulaire peut aussi être faite par mail ou par téléphone.

## Qui ne dit mot consent

Pour la loi, l'absence de réponse est assimilée à une autorisation : si, au bout de 30 jours, vous n'avez pas de nouvelles de votre employeur, vous pouvez considérer que vous avez son accord.

• Complétez le formulaire et faites-le remplir à la fois par le centre de bilan choisi et par votre employeur. Joignez à ce document :

– si vous êtes en CDI : la photocopie de vos trois derniers bulletins de salaire et le document présentant les modalités de la prestation rendue par votre centre de bilan ;

– si vous êtes en CDD : la copie de vos contrats de travail justifiant de 24 mois d'activité dans les 5 dernières années et les bulletins de salaire des 4 derniers mois en CDD ;

• Envoyez ou, mieux encore, déposez vous-même votre dossier complet au Fongecif au plus tard 45 jours avant le début du bilan. Vous recevrez ou on vous remettra un accusé de réception mentionnant votre numéro d'enregistrement et le nom du conseiller qui étudiera votre dossier.

• Attendez l'avis de la commission paritaire sur la recevabilité de votre demande de bilan. Le conseiller qui reçoit votre dossier l'étudie et le soumet à cette commission, qui se réunit chaque mois pour examiner les demandes de prise en charge financière des bilans.

• À l'issue du bilan, vous signez une attestation de présence et de remise du document de synthèse qui vous sera présentée par le centre. Votre consultant la signe lui aussi et l'envoie au Fongecif ou à l'organisme qui a financé le bilan.

### Bilan hors du temps de travail

Si vous désirez effectuer votre bilan en dehors de votre temps de travail, il n'est pas nécessaire de demander un congé à votre employeur. Les pièces à joindre à votre dossier de prise en charge financière se limitent à la photocopie du dernier bulletin de salaire et au document du centre de bilan. Rayez la page concernant l'employeur sur le formulaire de prise en charge.

PLANNING ET DÉMARCHES

### Sélection implacable

Soyez rigoureux : les dossiers raturés, surchargés, incomplets ou remis hors délais sont systématiquement rejetés.

**PLANNING ET DÉMARCHES**

### Les CIBC

**Les centres interinstitutionnels de bilans de compétences sont de vrais pros du bilan. Créés en 1986, ils sont aujourd'hui 155 en France. En 1996, 4000 bilans furent effectués par les centres d'Île-de-France. Ils sont pour vous des interlocuteurs privilégiés (rendez-vous au carnet d'adresses).**

### Quelques spécialisations

**Agroalimentaire**
**Assurances**
**BTP**
**Chimie**
**Commerce**
**Distribution**
**Finance**
**Hôtellerie**
**Immobilier**
**Informatique**
**Marketing**
**Pharmacie**
**Presse**
**Ressources humaines**
**Restauration**
**Santé**
**Social**
**Télécommunications**
**Transports**

# Le choix du consultant

Cette démarche préliminaire est déterminante, puisque les résultats de votre bilan dépendront de la qualité de vos relations avec lui. Soyez très attentif car il est impératif que la personnalité et les méthodes de travail du consultant vous conviennent pour que vous puissiez être en confiance.

## • Qui fait des bilans ?

Les bilans de compétences sont réalisés par des cabinets de conseil en recrutement, des centres interinstitutionnels de bilans de compétences (CIBC) ou des organismes de formation. Les Fongecif ou les organismes paritaires disposent de listes de centres agréés. Les consultants sont des spécialistes de l'orientation professionnelle, de la recherche d'emploi et des techniques du bilan. Parmi eux, de nombreux psychologues.

## • Qui choisit le consultant ?

Le consultant qui va être votre interlocuteur a un rôle déterminant pour votre avenir. Le choix est donc décisif. Si votre bilan est financé par votre entreprise, c'est elle qui choisit en principe le consultant qui vous suivra. L'ANPE peut aussi vous indiquer votre correspondant. Si votre bilan est financé par le Fongecif ou un fonds de formation paritaire, vous serez amené à choisir vous-même votre consultant. On vous remettra une liste de centres agréés. N'hésitez pas à en voir plusieurs, deux ou trois. Certains centres sont généralistes, d'autres sont spécialisés par branche d'activité. Cela signifie que les consultants connaissent particulièrement bien le marché du travail dans ces domaines-là.

### • Comment choisir votre consultant ?

– Faites une sélection de plusieurs cabinets à partir de la liste remise par l'organisme qui finance le bilan, en fonction de leur proximité. Les listes du Fongecif sont disponibles sur le site.

– Téléphonez pour demander un rendez-vous ; n'acceptez pas une simple conversation téléphonique, il faut tester une relation en situation pour bien choisir. Au cours de cet entretien, on doit vous expliquer clairement les méthodes utilisées.

– Exposez ce que vous attendez de ce bilan : vos problèmes actuels, vos désirs pour l'avenir, les questions que vous vous posez sur vous, votre entreprise, votre métier, votre secteur… Assurez-vous que le consultant a bien saisi ce que vous attendez de lui, et qu'il est partant pour y répondre.

– Lorsque votre choix est fait, vous devez fixer avec votre consultant les modalités du bilan : nombre d'heures d'entretien, dates des entretiens… Cela vous permet de vous organiser, mais surtout vous devez préciser ces informations dans votre lettre de demande de congé de bilan.

## Les bonnes questions à poser avant de vous décider

– Combien d'entretiens m'accorderez-vous ?

– Combien de temps dure chaque entretien ?

– Est-ce bien vous et vous seul qui serez mon interlocuteur ?

– Quelles sont vos méthodes ? Il faut qu'elles vous conviennent ; certains redoutent les tests en batterie, d'autres apprécient peu le contact direct et les conversations à bâtons rompus.

– Aurai-je un travail personnel à effectuer entre deux séances ? Étude de marché, introspection personnelle…

– Pourrez-vous me donner des informations actualisées sur mon secteur professionnel ?

– Assurez-vous un suivi dans les mois qui suivent le bilan ?

PLANNING ET DÉMARCHES

## Le bon profil d'un consultant

- **Son cabinet est à proximité de votre bureau, ou de votre domicile, ou sur la ligne de métro ou d'autobus que vous empruntez fréquemment. Si vous devez ajouter au temps des entretiens de longs trajets, vous risquez de vous démobiliser.**
- **Il est disponible, pas débordé, vous écoute, ne vous promet pas de solutions miracles clés en main, ne précipite pas votre mode de pensée, vous ouvre des horizons, vous donne des pistes sans rien imposer.**
- **Le bilan est son activité principale, il ne travaille pas en dilettante.**
- **Les outils qu'il vous propose vous plaisent.**
- **Une seule et même personne s'occupera de vous : refusez d'avoir plusieurs interlocuteurs à qui vous devrez sans cesse retracer votre parcours ou vos problèmes.**
- **Vous avez le feeling. Pas la peine de voir quelqu'un avec qui vous ne vous sentez pas à l'aise.**
- **Les locaux sont accueillants, l'ambiance y est sereine : vous devez être content de vous y rendre.**

PLANNING
ET DÉMARCHES

### Bon à savoir

**Pour toute correspondance avec votre employeur au sujet de votre bilan de compétences, faites vos envois en recommandé avec accusé de réception.**

### Après un CDD

**Si vous effectuez votre bilan après avoir terminé un CDD, vous n'avez bien évidemment pas à demander une autorisation d'absence à votre employeur. Pour le financement, il est préférable de vous adresser à votre ANPE.**

# Les outils du bilan

Chaque centre a ses méthodes et ses outils. Ceux-ci ne conviennent pas forcément à toutes les personnalités. C'est pourquoi nous vous recommandons, en entretien préalable avec le consultant, de bien vous informer sur les méthodes pratiquées.

## • Entretiens individuels

Cette méthode est très appréciée par les candidats au bilan. Si le courant passe bien avec le consultant, elle est très fructueuse. Le candidat se sent vraiment pris en considération, et se livre d'autant plus qu'il a confiance dans la personne qui le reçoit. Ce qui apparaît parfois comme des conversations informelles et détendues donne lieu le plus souvent à une analyse d'une grande fiabilité.

## • Entretiens collectifs

Les personnes qui apprécient le travail d'équipe, qui sont stimulées par la présence des autres, sont à l'aise avec cette méthode. Mais elle manque de personnalisation et peut aussi être indiscrète.

## • Tests sur papier

Ils sont faits pour dresser un portrait psychologique ou psychotechnique du candidat. Mais ces tests ont des limites dans la mesure où ils « cadrent » l'information. Une personnalité très riche peut difficilement s'exprimer au travers des tests, et en tout cas l'aspect relationnel y est largement occulté. Si vous êtes déstabilisé par les tests écrits, mieux vaut éviter le plus possible ce type de situation qui va risquer de vous desservir.

# La demande d'autorisation d'absence

Cette étape suit le choix du centre de bilan. Elle est incontournable si vous faites votre bilan pendant vos heures de travail. Mais si vous choisissez de le faire en dehors de vos heures de travail, vous en êtes dispensé.

Votre prénom et votre nom
Votre adresse
L'emploi que vous occupez
(poste et service)

Nom du directeur
Nom de l'entreprise
Adresse

Date

Monsieur le Directeur,

Faisant partie de votre personnel depuis.... (nombre d'années), je souhaite faire le point de mes compétences et analyser ma personnalité et mes aptitudes.

Aussi, je vous demande par cette lettre, comme m'y autorisent les articles L.931-21 et suivants du Code du Travail, une autorisation d'absence au titre d'un congé de bilan de compétences.

Ce bilan sera effectué par ...... (le nom du centre choisi), pendant ... heures, les ... (dates des jours de congé).

Je vous remercie de la suite favorable que vous voudrez bien donner à ma demande et vous prie d'agréer, Monsieur le Directeur, l'expression de mes salutations distinguées.

Signature

PLANNING ET DÉMARCHES

## Attention !

**Soyez diplomate. Comme nous l'avons dit, tous les employeurs ne voient pas d'un bon œil cette demande de bilan de compétences de la part d'un de leurs salariés. En effet, certains pensent que leur employé, mal dans sa vie professionnelle, leur reproche de ne pas savoir bien utiliser leurs compétences et qu'il pense à les quitter pour une évolution de carrière plus positive. Avant d'envoyer votre lettre de demande de congé de bilan de compétences, rencontrez votre employeur, ou du moins votre supérieur hiérarchique ou un membre de la direction des Ressources humaines pour expliquer le bien-fondé de votre demande. Ne laissez pas planer l'idée d'un quelconque ressentiment, et encore moins une éventuelle intention de partir. Montrez simplement que vous prenez votre carrière en main, et que vous voulez optimiser vos compétences.**

**Modèle 1**
Vous demandez à votre employeur un congé de bilan de compétences.

PLANNING ET DÉMARCHES

# La demande de prise en charge financière de votre bilan

Dès que vous avez l'accord de votre employeur pour un congé de bilan de compétences, adressez-vous à l'organisme auquel il cotise pour obtenir le financement de votre bilan. Consultez votre feuille de paye pour connaître le nom de cet organisme. C'est également lui qui remboursera à votre employeur le montant de la rémunération qu'il vous a versée pour ces jours de congé de bilan.

**Modèle 2**
Vous demandez la prise en charge financière de votre bilan.

Votre prénom et votre nom
Votre adresse
L'emploi que vous occupez

Monsieur ….
Nom de l'organisme

Date

Monsieur le Directeur,

J'ai reçu l'accord de mon employeur pour prendre un congé pour effectuer un bilan de compétences. Vous en trouverez ci-joint la photocopie.

Ce bilan sera effectué par … (nom du centre) les … (dates des jours de congé).

Je vous serais reconnaissant de bien vouloir m'adresser le formulaire de demande de prise en charge financière du congé de bilan de compétence prévue par l'article L. 921-24 du Code du Travail.

Avec mes remerciements, je vous prie d'agréer, Monsieur le Directeur, l'expression de mes salutations distinguées.

Votre signature

# Bilan de compétences

# Et après ?

Dans ce chapitre :

- comment exploiter votre bilan
- la formation complémentaire
- la valorisation des acquis de l'expérience

Tout ne s'arrête pas une fois le bilan terminé. Au contraire, tout commence. Votre consultant vous a aidé à mettre au point les étapes à franchir– recherche d'emploi, demande de promotion ou d'augmentation, acceptation d'une promotion, changement d'orientation… À vous de jouer. Mais le bilan peut aussi ouvrir la voie à une formation complémentaire ou à la validation des acquis de l'expérience.

ET APRÈS ?

### N'ayez pas d'espoirs insensés

**Le bilan de compétences, même s'il vous est très favorable et si votre patron a pris connaissance de vos résultats, ne vous donne pas l'assurance d'accéder immédiatement à l'emploi idéal. Plusieurs facteurs interviennent dans l'orientation d'une carrière : votre environnement personnel, votre capacité de travail, votre caractère, sans compter les impératifs de l'entreprise. Le hasard ou la chance qui vous proposent parfois des opportunités à saisir ont aussi un rôle important dans une évolution de carrière ; ils vous mettent parfois à la croisée de chemins, au cœur de décisions à prendre. Ce sont votre capacité de réflexion et la prise de recul par rapport à vous-même et à votre travail qui vous permettront de faire les bons choix.**

# Comment exploiter votre bilan

Les résultats de votre bilan vous appartiennent. Cela signifie que vous pouvez en faire l'usage que vous souhaitez. En aucun cas votre employeur actuel n'est en droit de vous réclamer les conclusions de votre bilan. Mais il est vrai qu'il peut se montrer persuasif, prétextant l'intérêt qu'il vous porte… et le bon usage qu'il pourrait en faire.

Voici comment vous pouvez exploiter votre bilan, en fonction de l'orientation que vous avez choisie, du contenu de la synthèse qui vous a été remise et de votre contexte professionnel.

## • Vous gardez les analyses et les conclusions pour vous

Avec le consultant, vous avez réfléchi à votre avenir, vous avez commencé à envisager des solutions à différents problèmes qui vous préoccupaient, vous avez ébauché une ou des pistes qui vous permettront d'aller plus loin sans vous bercer d'illusions. Vous considérez ce bilan comme le point de départ d'une mutation. Il vous appartient maintenant de considérer votre situation d'un autre œil, de modifier peut-être certains de vos comportements, de saisir des opportunités, de tenter la chance… C'est vous et vous seul qui êtes décisionnaire et maître d'œuvre de votre parcours. Il n'est pas nécessaire, dans ce cas, de parler de votre bilan à votre entourage, sauf bien sûr si vous envisagez de profondes modifications dans votre vie (rendez-vous ci-contre). Mais surtout, n'oubliez pas les conclusions de votre bilan dans un tiroir. Continuez à y réfléchir, mesurez votre progression, relisez la synthèse régulièrement pour garder le cap. Canalisez votre énergie dans la poursuite des objectifs fixés.

## • Vous faites connaître les résultats de votre bilan à vos proches

Il est assez naturel de souhaiter partager ces conclusions avec ceux qui vous connaissent bien. C'est même indispensable si votre projet professionnel concerne l'ensemble de la famille, comme une mutation géographique ou un changement de statut, par exemple. Le soutien et l'adhésion de votre conjoint seront de précieux alliés pour poursuivre votre voie. Il vous faudra prendre en considération ses propres intérêts, ses projets afin de construire ensemble un avenir commun.

## • Vous présentez les résultats de votre bilan à votre employeur actuel

Cette démarche peut être utile pour étayer vos arguments si vous briguez une promotion. Vous lui montrez, conclusions à l'appui, que vous serez à la hauteur de la confiance qu'il mettra en vous. Cela devrait le rassurer, puisqu'il limite ainsi les prises de risques. Mais attention, il peut aussi avoir l'impression que vous lui forcez la main, que vous faites pression. Soyez très diplomate : ne brandissez pas votre synthèse de bilan en clamant « J'ai droit ». Dites plutôt, plus modestement, que ce bilan vous a permis de vous conforter dans l'idée que vous pourriez être efficace et performant dans ce nouveau poste. Montrez à votre employeur que vous pensez autant à l'intérêt de l'entreprise qu'à votre intérêt personnel.

Vous devez aussi montrer les résultats de votre bilan si les conclusions débouchent sur une formation complémentaire.

## • Vous montrez les conclusions du bilan à votre futur employeur

C'est un incontestable atout si ces conclusions concordent avec ce que l'on attend de vous dans votre prochaine fonction. Si le bilan a montré que vous aviez toutes les compétences et les qualités requises pour exercer le métier que l'on vous propose, il est évident que cet avis professionnel et impartial ne peut que jouer en votre faveur. Attention cependant, mettez des formes : ne dites pas de façon abrupte « Je suis la personne qu'il

**ET APRÈS ?**

Avant de remettre les conclusions de votre bilan à votre employeur, vérifiez bien que rien dans ces textes ne peut être retenu contre vous ! Il ne s'agirait pas que votre employeur vous refuse une promotion sous le prétexte que votre bilan n'a pas mis en avant les qualités requises pour le poste.

ET APRÈS ?

## Quelques exemples de formulation

**Si les conclusions de votre bilan de compétences montrent clairement que vous avez les qualités requises pour l'emploi que vous recherchez, mentionnez-le dans vos lettres de motivation. Par exemple :**
**« Les conclusions du bilan de compétences que j'ai fait le trimestre dernier me confortent dans l'idée que je pourrai être très rapidement fonctionnel dans le poste que vous voudrez bien me confier... »**
**« Mon dynamisme, ma technicité, mon sens relationnel (ou autres qualités et compétences) me permettront d'être efficace rapidement et d'atteindre vos objectifs ; cette opinion personnelle a été confirmée par les résultats du bilan de compétences que j'ai passé le mois dernier. »**
**« Le bilan de compétences que j'ai passé le mois dernier m'a permis de réaliser que mes compétences de ... pourraient s'exercer avec succès dans la fonction de... »**

vous faut, la preuve », car vous mettez le recruteur au pied du mur, et cela risque de l'irriter. Il faut le persuader en douceur : « Je pense avoir les compétences que vous recherchez, c'est d'ailleurs ce que laisse penser la conclusion du bilan que j'ai passé... »

### • Vous mentionnez votre bilan dans votre lettre de motivation

En situation de recherche d'emploi, vous avez intérêt à mettre vos points forts en avant. Si votre bilan démontre que vous avez « la tête de l'emploi », n'hésitez pas à le mentionner. Et en entretien, apportez au recruteur le document de synthèse avec les conclusions de votre consultant.

# La formation complémentaire

Il est assez fréquent que le bilan de compétences démontre la nécessité d'une formation complémentaire pour pouvoir évoluer, atteindre un objectif personnel, obtenir un diplôme ou un certificat, ou tout simplement maintenir votre capital compétences face à une concurrence interne ou externe.

Dans le cadre de votre bilan de compétences, c'est le consultant qui vous aiguillera vers la formation la plus adaptée à votre cas. Mais vous pouvez aussi, de votre côté, réfléchir aux cours que vous aimeriez suivre, aux qualifications qui vous seraient utiles.

### • Vos droits au capital temps formation (CTF)

Vous pouvez bénéficier d'un crédit d'heures de formation si vous êtes salarié d'une entreprise ayant signé un accord qui le prévoit ; il s'inscrit dans le plan formation de votre entreprise. C'est donc auprès de votre employeur que vous devez vous renseigner.

### • Vos droits au congé individuel de formation (CIF)

Vous pouvez demander à votre employeur de vous accorder un congé individuel de formation pour suivre la formation de votre choix à votre initiative et indépendamment d'une éventuelle participation à des stages inclus dans le plan de formation de l'entreprise.

### Il faut que cette formation vous permette :

– d'accéder à un niveau supérieur de qualification,
– de changer d'activité ou de métier,
– de préparer et de passer un examen,
– de perfectionner vos connaissances dans un domaine culturel ou social.

**ET APRÈS ?**

## Double compétence : l'exigence des années 2000

**Maître d'œuvre parlant russe, diplomate expert en physique nucléaire, maquilleuse psychologue... Les doubles compétences sont devenues le top au hit-parade des candidats recherchés ; plus d'offres d'emploi, rémunération supérieure, considération accrue, les avantages sont considérables. L'acquisition de ces connaissances vous demandera peut-être un gros effort et un lourd investissement temps, mais réfléchissez bien à tous les atouts qu'elle vous donnera.**

**La loi du 16 juillet 1971 a instauré un droit individuel et collectif des salariés à la formation. Les entreprises doivent y contribuer à hauteur de 1,5 % de la masse salariale brute. Ces fonds sont utilisés pour financer, entre autres, les congés de bilan de compétences, les congés de validation de l'expérience, le capital temps formation et les congés individuels de formation (CIF).**

ET APRÈS ?

## Le Conservatoire des Arts et Métiers

**Il propose à la fois une orientation vers une formation reconnue dans le monde du travail, et des cours de formation pour adultes, ainsi que des procédures de validation des acquis de l'expérience. Ces formations peuvent avoir lieu dans l'un des sites du CNAM (en France et dans 30 pays partenaires dans le monde), soit à distance (rendez-vous au carnet d'adresses).**

### Vous y avez droit :

– si vous êtes salarié d'une entreprise des secteurs industriel, commercial, artisanal, agricole ou associatif,
– quelles que soient la taille et la forme juridique de l'entreprise,
– si vous justifiez d'une activité salariée de 24 mois consécutifs ou non dont 12 mois dans l'entreprise, quelle que soit la nature de vos contrats de travail. Cette durée de 24 mois passe à 36 mois si vous êtes salarié d'une entreprise artisanale de moins de 10 salariés. Mais si vous avez changé d'emploi à la suite d'un licenciement économique et si vous n'avez pas suivi de formation entre votre licenciement et votre réemploi, aucun délai de présence dans l'entreprise n'est exigé.

Vous ne pouvez pas suivre plusieurs formations à la suite ; vous devez respecter un délai de « franchise » qui est variable selon la durée du stage précédent.

Votre stage de formation peut se dérouler à plein temps ou à mi-temps. Il ne peut excéder, sauf exception selon les branches professionnelles :
– un an à temps plein,
– 1200 heures à temps partiel ou en enseignement discontinu.

Votre rémunération pendant ce congé est fonction du montant de votre rémunération actuelle :
– si votre salaire brut est inférieur à deux fois le SMIC, votre rémunération est de 100 % de votre salaire ;
– s'il est supérieur, votre rémunération sera de 80 % de votre salaire brut antérieur pour un stage de 1200 heures ou un an maximum, et de 60 % de votre salaire brut pour la fraction de stage excédant cette durée.
Cette rémunération vous est versée par votre employeur qui est remboursé par l'organisme paritaire chargé de collecter les cotisations de l'entreprise pour la formation.
Pendant votre stage, vous êtes considéré comme salarié de l'entreprise, c'est-à-dire que vous bénéficiez de votre régime de Sécurité sociale, et que vos congés payés et vos primes vous sont normalement dus.

## Exception

Votre rémunération peut être supérieure si votre stage est sanctionné par un titre ou un diplôme de l'enseignement technologique ou s'il mène à une qualification professionnelle reconnue dans le cadre du crédit formation.

## Spécial CDD

• Vous devez justifier de 24 mois d'activité salariée consécutifs ou non au cours des 5 dernières années dont 4 mois consécutifs ou non en CDD au cours des 12 derniers mois. Ne sont pas pris en compte pour ce calcul des 4 mois d'ancienneté : le contrat emploi solidarité, le contrat d'orientation, le contrat d'apprentissage, le contrat de qualification, le contrat d'adaptation.

• Vous recevrez à l'issue de votre contrat, avec votre dernier bulletin de salaire, un bordereau individuel d'accès à la formation (BIAF) qui permet la prise en compte de vos droits au congé individuel de formation et au congé de bilan de compétences.

• Votre formation doit en principe se dérouler hors période d'exécution de votre contrat de travail, et au plus tard dans les 12 mois après le terme de votre CDD. Mais si votre employeur l'accepte, vous pouvez aussi suivre votre formation pendant la durée de votre contrat.

• Votre rémunération, versée par le FONGECIF sera d'un montant égal à un pourcentage de salaire moyen perçu au cours des 4 derniers mois sous CDD.

• Vous êtes considéré pendant votre formation comme stagiaire de la formation professionnelle et continuez à bénéficier des prestations sociales. C'est l'OPACIF qui verse aux régimes concernés les cotisations.

ET APRÈS ?

## Délai de franchise entre deux formations

**Sa durée est égale au douzième de la durée en heures du congé de formation précédent. Mais ce délai ne peut être inférieur à 6 mois, ni supérieur à 6 ans. Ainsi, par exemple, si votre premier stage de formation a duré 1 200 heures, le délai de franchise avant un nouveau congé de formation est de 1200/12 = 100 mois, soit 8 ans et 4 mois. Cette durée étant supérieure au délai maximum, le délai de franchise sera réduit à 6 ans.**

**Si votre formation est discontinue, c'est-à-dire composée de plusieurs modules espacés dans le temps, le délai de franchise ne s'applique qu'une fois.**

ET APRÈS ?

## Le droit individuel à la formation professionnelle (DIF)

**Il a été instauré par la loi du 7 avril 2004. Ce droit concerne tous les salariés, même s'ils ont plus de 45 ans, quel que soit leur statut : CDI, CDD, temps partiel. Il s'adresse plus particulièrement aux personnes sans qualification. Cette formation peut être suivie pendant le temps de travail, ou pendant le temps libre.**

**Si vous suivez cette formation pendant vos heures de travail, vous êtes rémunéré par l'entreprise; si vous la suivez pendant vos loisirs, vous percevez 50% de votre rémunération pendant ces heures de formation. Vous avez droit à 20 heures de formation par an, cumulables sur 6 ans. Si les cours suivis durent plus de 20 heures, les heures au-delà de ce seuil sont à votre charge financière. C'est ce qu'on appelle le coïnvestissement. Un contrat de professionnalisation peut être délivré à l'issue de la formation aux salariés les moins qualifiés. Vous devez en faire la demande à votre employeur ; il peut la refuser, mais pas plus de deux fois. Attention, cette formation doit être en rapport étroit avec votre activité professionnelle : adaptation à votre poste de travail, à l'évolution de votre emploi, au développement de vos compétences.**

### Les formalités à remplir sont les suivantes :

- demande de congé individuel de formation à votre employeur par lettre, précisant : la date de début de stage, son intitulé, sa durée et le nom de l'organisme formateur, dans un délai de 4 mois avant le début du stage s'il dure plus de 6 mois ou s'il a lieu à temps plein ou en une fois, dans un délai de 2 mois si la durée du stage est inférieure à 6 mois, ou si vous le suivez à temps partiel.

## Spécial intérimaires

• Vous avez droit au congé individuel de formation si vous totalisez :
– 1 014 heures dans la profession, dont la moitié, soit 507 heures au cours des 12 derniers mois dans la société d'intérim dans laquelle vous faites la demande, ou
– 2028 heures dans la profession au cours des 24 derniers mois si vous n'avez pas fait plus de 507 heures dans la société d'intérim dans laquelle vous faites la demande.

• Si vous remplissez les conditions requises, vous devez faire une demande écrite d'autorisation d'absence, en précisant les dates de début et de fin de stage, le nom de l'organisme formateur, l'intitulé et la durée du stage.

• Respectez ces délais d'envoi de votre demande :
120 jours avant la date du début de la formation si la durée de votre stage est supérieure ou égale à 6 mois,
60 jours avant si la durée du stage est inférieure à 6 mois.

• Si vous êtes hors mission, faites votre demande au plus tard 3 mois après votre dernier jour de mission.

• Votre employeur dispose de 30 jours pour vous répondre, mais si vous remplissez les conditions requises, il ne peut pas vous refuser cette formation. Si vous êtes en mission, il peut cependant la différer et vous demander de la suivre après avoir terminé cette mission. Deux exceptions : il ne peut différer le congé si votre formation a pour but de vous permettre d'obtenir un diplôme professionnel vous permettant d'améliorer votre qualification ou d'acquérir une

## Un partenaire formation : le GRETA

Groupement d'établissements publics locaux d'enseignement, le GRETA organise des formations pour adultes sous forme de stages, de sessions, de modules. Il permet de se former dans des disciplines très diversifiées et de préparer des diplômes professionnels. Vous pouvez vous informer auprès du GRETA de votre région (rendez-vous au carnet d'adresses).

qualification dans un autre secteur que le vôtre, ou si votre formation est d'une durée supérieure à 1 200 heures.

• Si vous avez déjà obtenu un congé individuel de formation, vous devez respecter un délai de franchise égal à la durée du congé déjà obtenu.

• La durée du congé individuel de formation est prise en compte pour vos droits à l'ancienneté et aux congés. Vous restez affilié pendant ce congé au régime de protection sociale qui est le vôtre.

• Vous percevez pendant votre stage de formation une rémunération égale à celle que vous touchez pendant la mission au cours de laquelle vous avez déposé votre demande de formation.

• À l'issue de la formation, votre employeur doit vous proposer de reprendre la mission interrompue ou, si c'est impossible, vous proposer un autre contrat.

• Pour toutes les démarches, adressez-vous au Fonds d'Assurance Formation du travail temporaire (rendez-vous au carnet d'adresses).

ET APRÈS ?

### Retour à l'entreprise

**Votre employeur est tenu de vous réintégrer dans l'entreprise, mais il peut ne pas tenir compte des acquis de votre formation, c'est-à-dire qu'il n'est pas obligé de vous accorder une augmentation ou une promotion.**

ET APRÈS ?

Les détails de la VAE sont expliqués dans le chapitre suivant.

# La validation des acquis de l'expérience (VAE)

Jusqu'aux années 2000, une fois entré dans la vie active, le temps des études passé, il était pratiquement impossible d'espérer acquérir un diplôme. Les cours du soir ou les cours par correspondance ouvraient bien quelques horizons, mais encore fallait-il avoir le temps de s'y consacrer.

Aussi, ceux qui par manque de moyens financiers, ou qui à cause d'un passé scolaire peu brillant n'avaient pu passer d'examens se trouvaient-ils définitivement privés de tout espoir de qualification valorisante. La richesse du parcours, la technicité ou la diversité des expériences étaient certes appréciées, mais nullement authentifiées. Depuis 2002, il est possible de faire valider les acquis de son expérience professionnelle par une démarche permettant d'obtenir un diplôme officiel.

Cette démarche est un grand progrès pour vous si, à l'issue de votre bilan de compétences, vous avez décidé de progresser dans votre métier. Elle fait donc partie de votre projet professionnel, elle est une étape de votre objectif d'évolution de carrière.

S'appuyant sur les fruits de l'expérience passée, elle ne concerne pas ceux qui souhaitent changer d'orientation professionnelle.

# La validation des acquis de l'expérience

Dans ce chapitre :

- les bonnes raisons de faire valider votre expérience
- quels diplômes obtenir ?
- qui délivre les diplômes ?
- vos droits à la VAE
- les démarches à entreprendre
- pour satisfaire vos besoins d'information

Aujourd'hui, il existe trois moyens d'obtenir un diplôme ou un titre :

– la filière scolaire et universitaire, que l'on appelle formation initiale,
– l'apprentissage,
– la validation des acquis de l'expérience.

Formation initiale et apprentissage sont en général réservés aux jeunes. Depuis la loi de modernisation sociale du 17 janvier 2002, toute personne exerçant une activité professionnelle peut, quel que soit son âge, prétendre valider son expérience par un diplôme. Mais il ne s'agit pas là d'une simple formalité. La VAE, validation des acquis de l'expérience, est sujette à des procédures précises.

VALIDATION DES ACQUIS

## Pas de faux espoirs

**L'engagement dans une procédure de VAE ne vous garantit pas l'obtention du diplôme visé. On peut le comprendre : accorder un diplôme sans contrôle strict des compétences reviendrait à dévaloriser ce diplôme. Les jury sont donc les gardiens de la valeur de ces diplômes. C'est pourquoi il arrive qu'une validation ne soit pas accordée en totalité. (rendez-vous page 86). Par ailleurs, n'oubliez pas que l'obtention d'un diplôme ne garantit pas non plus à coup sûr une promotion. Si ce diplôme est parfois la condition *sine qua non*, il peut ne pas suffire.**

## Vous avez échoué ?

- **Faites le bilan des compétences qui vous ont manqué, étudiez la possibilité d'y remédier et représentez-vous au même diplôme l'année suivante, ou**
- **choisissez un autre diplôme plus adapté au contenu de votre expérience.**

# Les bonnes raisons de faire valider votre expérience

On ne réécrit pas l'histoire. Vous n'avez pas à rougir d'une belle évolution de carrière, sur le terrain, qui vous a donné des savoir-être qu'aucun cours magistral n'aurait pu vous dispenser. Mais il n'empêche qu'un diplôme, même tardif, ne peut qu'être favorable à votre avenir. Voyons pour quelles raisons il peut vous être utile.

### • Un argument pour progresser dans la hiérarchie

C'est une chose établie dans les faits : à compétences absolument égales, un diplômé d'une grande école a plus de chances de terminer directeur général qu'un autodidacte. Un autodidacte peut certes progresser longtemps dans la hiérarchie des responsabilités et des revenus mais, au stade final, on en vient souvent à considérer les études et en particulier les diplômes. Et plus ils sont prestigieux, plus les portes peuvent s'ouvrir. Ainsi, la VAE est souvent utile pour obtenir une promotion ou une augmentation de salaire.

### • Une position dans une échelle de valeur

Vos collègues sont plus jeunes que vous, bien moins expérimentés, certes, mais plus diplômés. Vous avez du mal à vous situer par rapport à eux. Vous êtes peut-être même dévalorisé, car il vous semble que toutes vos années de travail de terrain ne compensent pas leur précieuse « peau d'âne ». Un diplôme, repère collectif officiellement reconnu, vous permettra de mieux vous situer par rapport à votre environnement professionnel, et de vous faire reconnaître par vos collaborateurs.

### • Une monnaie d'échange sur le marché du travail

En situation de recherche d'emploi, il n'est pas facile, en

général, de définir un niveau de compétences sans avoir recours à des termes officiellement reconnus. Si vous dites « J'ai un BTS d'informatique de gestion », votre interlocuteur saura vous placer sur une échelle professionnelle de compétences. Si vous dites « Voici dix ans que j'occupe le poste d'administrateur réseau dans la société X », l'identification de votre niveau sera plus difficile car, d'une entreprise à une autre, les attentes et les exigences de l'employeur peuvent être très différentes. Si vous sentez que votre situation est précaire dans votre entreprise, étudiez la possibilité de faire valider les acquis de votre expérience; ce peut être un atout important pour retrouver un emploi si besoin est.

## • Un moyen d'obtenir un salaire plus élevé

Dans certaines entreprises et administrations, les rémunérations sont établies en fonction d'une grille qui tient compte des diplômes des collaborateurs. Ainsi, en exerçant les mêmes activités, il se peut qu'en étant titulaire d'un diplôme, vous puissiez prétendre à un salaire supérieur. Ce n'est pas une règle absolue, loin de là, mais c'est une possibilité. Vous pouvez vous informer auprès de votre Direction des Ressources humaines.

## • La possibilité de présenter des concours administratifs

La plupart des concours administratifs exigent un niveau de base pour pouvoir déposer une candidature. Vous pouvez faire valider vos acquis dans cet esprit afin d'évoluer dans un corps d'État ou une administration.

## • Une dispense d'une ou plusieurs années de formation

Si vous souhaitez avoir un diplôme de 3e cycle (DEA ou DESS), il vous faut avoir une maîtrise. Si vous n'avez qu'une licence, il peut être possible, sous conditions, d'engager une démarche de validation de vos acquis qui vous permettra d'accéder à une formation de 3e cycle sans avoir à justifier du diplôme de maîtrise.

VALIDATION DES ACQUIS

### Fausse querelle

**Il arrive parfois qu'on assiste à une véritable compétition entre les adeptes des connaissances acquises par la formation et ceux de l'expérience acquise par la pratique. Faux débat. Si l'idéal est d'allier les deux, on peut aussi largement pallier, dans de nombreux domaines, l'absence de diplôme initial par la VAE.**

VALIDATION DES ACQUIS

## Expériences vécues

**● «J'étais nul... si nul, en classe, que lorsque j'ai décroché mon baccalauréat, le professeur principal m'a dit "Aux innocents les mains pleines"... Cela m'a dégoûté de faire des études, je me suis lancé dans la vie active ». Très bon sur le terrain, Philippe a vite grimpé dans la hiérarchie de son entreprise. Aujourd'hui, ses collaborateurs sont de jeunes diplômés assez fiers de leur bagage. Philippe en a ressenti une certaine gêne. Le bilan de compétences lui a confirmé qu'il aurait pu sans problème faire des études supérieures. Il a décidé de faire valoriser son expérience. Pour sa satisfaction personnelle.**

**● Sabrina est entrée dans un institut de beauté voici cinq ans en prétendant avoir un CAP d'esthétique qu'elle avait raté à quelques points près. Elle a aujourd'hui des scrupules vis-à-vis de son employeur et veut obtenir ce CAP grâce à son expérience.**

**● Eva, après la classe de seconde, n'a pas voulu poursuivre ses études. Elle s'occupe depuis quatre ans d'une personne âgée dépendante. Elle sait qu'un jour, elle devra, par la force des choses, changer d'employeur. Sans diplôme, ça peut être difficile. Grâce à son expérience de terrain, elle vise un diplôme d'«assistant de vie ».**

### • Une satisfaction personnelle

Nous éprouvons tous, à des niveaux divers, le besoin d'être reconnus et appréciés socialement. Ce besoin est un trait majeur et légitime de la personnalité humaine. La validation de votre expérience peut vous donner ou vous redonner la confiance en vous qui vous manquait. Cette raison justifie à elle seule la démarche de validation, tant une bonne image de soi est indispensable pour évoluer favorablement dans le monde du travail.

### • La possibilité de vous mettre à votre compte

Vous voulez créer votre entreprise, mais votre niveau en comptabilité et en gestion est trop juste, par exemple ; un diplôme d'un niveau supérieur vous permettrait de concrétiser votre projet en prenant moins de risques.

## Les niveaux de formation

Il en existe plusieurs, par rapport au positionnement professionnel des fonctions :

| | |
|---|---|
| Niveau I | Formation supérieure à une maîtrise |
| Niveau II | Formation équivalant à une licence ou à une maîtrise |
| Niveau III | Formation de DUT (diplôme des instituts universitaires de technologie) ou de BTS (brevet de technicien supérieur) ou de DEUG (diplôme de l'enseignement universitaire général). |
| Niveau IV | Formation de type BP (brevet professionnel), BT (brevet de technicien), baccalauréat professionnel ou technologique. |
| Niveau V | Formation de type CAP (certificat d'aptitude professionnelle), ou BEP (brevet d'études professionnelles). |

# Quels diplômes obtenir ?

La gamme des diplômes qu'il est possible d'obtenir par la VAE est très vaste : des certifications élémentaires aux troisièmes cycles, et dans des domaines très divers, du plus généraliste au plus spécialisé.

Ces diplômes doivent être inscrits au Répertoire National des Certifications Professionnelles (RNCP). Ce répertoire, dont la publication est très récente (2004), présente les différentes certifications existantes, classées par secteur et par niveau. La liste des diplômes et certifications accessibles par la VAE est en pleine évolution. Vous pouvez la consulter sur le Répertoire (rendez-vous au carnet d'adresses) pour connaître la qualification qui correspond à vos compétences, et les procédures nécessaires.

L'organisme officiel chargé d'établir puis de gérer le Répertoire est la Commission Nationale de la Certification Professionnelle (CNCP).

Les certifications professionnelles sont délivrées par les ministères. Ainsi, par exemple, le ministère en charge des Affaires sociales, le ministère de l'Agriculture, le ministère de l'Éducation nationale, le ministère de la Jeunesse et des Sports, le Conservatoire national des Arts et Métiers... Le titre d'ingénieur diplômé par l'État (DPE) est dispensé par les écoles d'ingénieurs, selon une procédure qui leur est propre, aux personnes exerçant depuis au moins 5 ans le métier d'ingénieur. Les diplômes nationaux de l'enseignement supérieur sont délivrés par les universités, selon un choix qui leur appartient. Chaque université comprend un service Formation permanente pour apporter au public les renseignements utiles.

VALIDATION DES ACQUIS

## Expériences vécues

**● Véronique a toujours travaillé dans l'entreprise familiale, assurant le secrétariat, la comptabilité, l'accueil... Ses fonctions sont multiples. Elle étudie, en fonction de ses expériences, les diplômes auxquels elle peut prétendre, car l'entreprise familiale est vouée à disparaître prochainement. Elle aura besoin de diplômes pour être compétitive sur le marché du travail.**

**● Michel est étudiant en droit et animateur auprès de jeunes enfants, pendant ses loisirs et ses vacances, depuis 5 ans. Il veut faire valider son expérience, car il pense que cette « corde à son arc » peut lui être très utile plus tard.**

## Attention !

**Pour qu'un titre ou un diplôme existant soit accessible par la VAE, il faut que l'organisme qui le délivre l'ait décidé. Et pour que les frais engendrés par son obtention soient pris en charge, il est indispensable qu'il soit inscrit au Répertoire.**

VALIDATION DES ACQUIS

## Référentiel

**Tout diplôme ou certification correspond à un référentiel, c'est-à-dire à un descriptif des activités professionnelles que vous devez savoir accomplir (par exemple, utiliser un tableur pour une secrétaire), avec les conditions d'exercice du métier et les performances attendues.**

### • Vous ne savez pas quel diplôme viser

Vous pouvez consulter les fiches du Répertoire sur le Net (rendez-vous au carnet d'adresses), mais aussi demander conseil à un point relais conseil en VAE. Il est très important de bien choisir la qualification qui correspond à votre expérience, comme nous l'expliquons un peu plus loin.

### • Vous connaissez l'intitulé du diplôme que vous recherchez

Vous pouvez vous adresser directement aux organismes qui le délivrent.

| Type de diplôme | Où vous informer |
|---|---|
| Diplômes de l'enseignement technologique et professionnel (CAP ou BTS) | Ministère de l'Éducation nationale |
| Diplômes de l'enseignement supérieur | Universités (département de la formation continue)<br>CNAM |
| Diplômes de la Jeunesse et des sports | Direction régionale de la Jeunesse et des sports |
| Diplômes du ministère de l'Emploi et de la solidarité | Direction régionale du Travail, de l'emploi et de la formation professionnelle<br>Direction des Affaires sanitaires et sociales |
| Diplômes d'ingénieurs | Association des ingénieurs diplômés d'État<br>Ministère de l'Éducation nationale<br>Bureau des écoles d'ingénieurs |
| Diplômes de l'agriculture | Direction régionale de l'Agriculture et de la forêt (service Formation développement) |

# Qui délivre les diplômes ?

Chaque diplôme est délivré par un jury composé de professionnels de la branche correspondante. Là où un examen valide les résultats d'une formation, le jury valide les résultats de l'expérience professionnelle.

Les procédures de validation peuvent varier selon l'organisme officiel qui l'attribue : ministères, organisme, branche professionnelle… appelés « organismes valideurs ».

Mais dans leur ensemble, ces procédures comprennent trois étapes.

– Première étape : recevabilité de la demande : l'étude du dossier du candidat permet de juger que la durée d'exercice professionnelle est suffisante et que les activités exercées correspondent bien au diplôme visé, à partir des documents remis par le candidat (feuilles de salaire, certificats de travail, attestations…).

– Seconde étape : évaluation des acquis à la suite de l'étude du dossier du candidat décrivant en détail les activités exercées dans le travail, ou à la suite de mises en situation pendant lesquelles le candidat exerce les gestes et les savoir-faire de son métier, puis entretien avec le jury.

– Troisième étape : délibération du jury.



## Quelques diplômes délivrés par la VAE

- **CAP, BEP, BP**
- **spécialités DUT**
- **BTS**
- **licences**
- **DEA et DESS**
- **mastères spécialisés**
- **diplômes d'ingénieurs**
- **maîtrises**

## Validation totale ou partielle

**Le diplôme ou la certification auquel vous prétendez peut vous être accordé en totalité ou partiellement.**

- **Votre expérience recouvre toutes les activités décrites au référentiel du diplôme : le jury peut dans ce cas vous accorder une validation totale.**
- **Vous manquez d'expérience dans certains domaines décrits par le référentiel: le jury peut vous accorder une validation partielle. Vous devrez alors vous représenter devant ce jury pour un contrôle complémentaire qui vous permettra d'obtenir le diplôme ou le titre complet.**

VALIDATION DES ACQUIS

### Hors compteur

**Les stages effectués dans le cadre de votre formation, initiale ou continue, ne sont pas pris en compte pour le calcul de la durée des trois années d'activité.**

# Vos droits à la VAE

« Toute personne engagée dans la vie active est en droit de faire valider les acquis de son expérience. » Encore faut-il remplir quelques conditions qui concernent :

## • La forme de votre expérience

Votre expérience professionnelle doit être en rapport direct avec le diplôme visé. Ainsi une bonne technicité dans un passe-temps ne peut pas vous permettre d'espérer obtenir un diplôme dans la branche correspondante. Par exemple, ce n'est pas parce que vous confectionnez toutes les robes de vos filles que vous pouvez obtenir un CAP de couture.

## • La durée de votre expérience

Vous devez justifier de plus de trois années d'expérience continue ou discontinue dans cette branche professionnelle, quel que soit votre statut : CDI, CDD, intérimaire, bénévole, travailleur libéral.

## • Le contenu de votre expérience

Votre expérience doit correspondre le plus possible au « référentiel » établi pour le diplôme ou la certification que vous recherchez. Le jury compare ce référentiel avec votre propre expérience, vos savoir-faire, vos performances. Cette expérience n'est pas forcément le fruit d'une activité salariée, elle peut aussi provenir d'activités bénévoles. Si vous avez, par exemple, dans le cadre du bénévolat, créé une base de données des membres et un site internet pour l'association dont vous vous occupez, vous pouvez peut-être obtenir un certificat professionnel.

## • Votre adhésion totale

Comme pour le bilan de compétences, personne ne peut vous obliger à procéder à la VAE. Votre refus ne constitue pas une faute et, par conséquent, il n'est pas un motif de licenciement. Votre employeur ne peut faire pression sur vous. Mais est-il nécessaire de souligner qu'il est délicat de refuser, et que, dans un contexte économique très compétitif, la VAE est une chance pour ceux qui l'obtiennent ?

## • Conditions d'obtention

En une année civile, vous ne pouvez établir qu'une demande de validation pour un même diplôme auprès d'un même établissement.

Si vous voulez valider plusieurs diplômes la même année, le nombre de demandes est limité à trois.

## • Congé de validation

Vous avez droit à un congé spécifique pour vous présenter devant le jury pour une certification inscrite au Répertoire. Il est de 24 heures au maximum, consécutives ou non.

Comme le bilan de compétences, vous devez, afin d'obtenir ce congé, prévenir votre employeur par lettre en lui indiquant les dates et heures de vos absences (rendez-vous page 63). Mais si vous vous présentez devant le jury pendant vos congés personnels ou vos heures de liberté, vous n'êtes pas obligé de prévenir votre employeur.

VALIDATION DES ACQUIS

### Cinq ans pour marquer l'essai

**Si vous avez obtenu un diplôme partiellement, vous avez 5 ans pour obtenir le diplôme complet. Au-delà de ce délai, vous perdez le bénéfice de vos acquis et vous devrez représenter la totalité du diplôme.**

**Dans la mesure du possible, n'attendez pas trop pour valider le diplôme : votre motivation pourrait faiblir ou les circonstances pourraient être moins favorables.**

VALIDATION DES ACQUIS

## Ayez les bonnes infos

**Le choix du bon diplôme, adapté à votre cas, c'est-à-dire à la fois à vos compétences et à votre projet, est le premier cap, et le plus important. Faites-vous conseiller par des professionnels qui connaissent bien les filières. Les sources d'information ne manquent pas.**

# Les démarches à entreprendre

Vous êtes motivé pour obtenir un diplôme par le biais de la VAE. Voici les étapes à franchir :

### • Sélectionnez la certification qui vous convient

À partir de votre expérience, il existe peut-être plusieurs titres, certifications ou diplômes auxquels vous pouvez prétendre, relevant de ministères ou d'organismes différents, avec des processus de validation différents. Dans un premier temps, informez-vous sur le choix dont vous disposez. Ensuite, assurez-vous que ces certifications sont bien enregistrées au Répertoire National des Certifications Professionnelles. C'est donc une étude approfondie de ces diplômes et des moyens de les obtenir que vous devez mener. Si vous avez le choix entre plusieurs diplômes, choisissez celui qui entre dans votre projet professionnel, c'est-à-dire dans la ligne de parcours que vous vous êtes fixé. Demandez qu'on vous indique précisément le « référentiel » de chaque diplôme afin de savoir si vous avez bien les compétences requises.

### • Assurez-vous que vous remplissez bien les conditions requises : durée du travail, contenu de l'expérience...

Cette étape peut vous prendre du temps. En effet, il s'agit de reconstituer le cheminement de votre parcours en décrivant précisément les différentes activités que vous avez exercées. Votre CV est le document le plus adapté pour vous aider à retrouver toutes ces étapes. Si vous avez fait un bilan de compétences, votre consultant vous a aidé à préparer cette mise au point. Nous vous conseillons de reprendre votre CV point par point et de l'étoffer pour la circonstance en détaillant en quelques phrases chacune de vos expériences. Notez également dans quel contexte vous avez effectué ces tâches, en solo ou en équipe, dans des délais limités ou sans pression, les activités qui vous ont permis d'atteindre une promotion, des félicitations, une augmentation. N'oubliez pas d'évoquer de la même façon vos activités extraprofessionnelles, en particulier dans le bénévolat ou la vie associative. Vous serez sans doute surpris d'avoir autant de compétences ! Regroupez aussi vos bulletins de salaire, vos certificats de travail, des attestations, enfin tout document prouvant que vous avez bien l'expérience requise.

### • Informez-vous sur les modalités financières de la VAE

La VAE peut être financée soit par votre entreprise dans le cadre de son plan formation (consultez le service des ressources humaines), soit par l'OPACIF auquel cotise votre employeur, soit par l'ANPE si vous êtes demandeur d'emploi. N'oubliez pas que vous pouvez être amené à suivre une formation complémentaire qui peut être assez longue et onéreuse. Il faut donc que le financement de vos démarches soit assuré. L'OPACIF vous remettra un formulaire de prise en charge à remplir et à faire remplir par votre employeur, puis à retourner.

### • Demandez auprès de l'organisme valideur un formulaire d'inscription

Remplissez-le, et retournez-le accompagné des pièces jointes demandées.

Vous recevrez par courrier un avis de recevabilité ou de non-recevabilité. Si votre demande est jugée non recevable, les motifs vous seront précisés. Mais vous pouvez aussi recontacter l'organisme en cause pour avoir des conseils plus précis sur la formulation de votre démarche.

### • Contactez votre employeur, si vous êtes salarié

Votre démarche de VAE peut être intégrée dans le plan formation de votre entreprise. Mais elle peut aussi être considérée comme une démarche individuelle et personnelle.

Vous pouvez :

– demander un congé de validation à votre employeur, par lettre, 60 jours avant l'épreuve, en précisant les dates des absences, l'intitulé du diplôme visé. Votre employeur dispose

**VALIDATION DES ACQUIS**

### Faites-vous accompagner

**Les procédures sont parfois complexes, les informations multiples. Pour que vous ne vous sentiez pas perdu et découragé, certains organismes valideurs (dont le CNAM) vous proposent l'appui d'un accompagnateur, qui vous conseille, vous aide à présenter votre expérience pour la valoriser, en particulier en situation d'entretien avec le jury.**

### Établissez votre planning

**Renseignez-vous auprès des organismes valideurs sur les dates des sessions de validation en fonction des diplômes visés. Vous devez donc faire votre compte à rebours à partir de ces dates pour effectuer vos démarches.**

**VALIDATION DES ACQUIS**

### Cumul des congés

**Le congé de validation peut se cumuler avec le congé de bilan de compétences et le congé individuel de formation.**

### L'assistance de l'entreprise

**Les entreprises soutiennent parfois leurs employés dans leur désir de reconnaissance professionnelle et proposent de prendre en charge financièrement les formations complémentaires et les frais d'inscription nécessaires à l'obtention des diplômes. Vous avez donc intérêt à évoquer la question avec le service des Ressources humaines pour connaître la politique de l'entreprise sur ce sujet.**

de 30 jours pour vous répondre ; il peut vous demander de reporter ce congé, pour des raisons de fonctionnement de service, mais ce report ne peut durer plus de 6 mois ;
– effectuer cette démarche dans vos temps de loisirs, pendant vos vacances.

### • Si vous êtes demandeur d'emploi, posez la question à votre conseiller ANPE

Il vous aidera à étudier les différents diplômes possibles en fonction de leur « référentiel » et de vos expériences. Si la VAE est un atout pour que vous retrouviez un emploi, les frais peuvent, sous conditions, être pris en charge par l'ANPE (ou l'APEC) dans le cadre du plan d'aide au retour à l'emploi.

### • Si votre demande est jugée recevable, vous recevrez un dossier de validation, à remplir et à retourner dans les délais fixés

C'est ce document qui présentera au jury votre expérience. C'est dire tout le soin qu'il faut y apporter. Pour être certain que la description soit faite dans les règles, vous pouvez demander l'assistance d'un membre de l'organisme valideur. Pour certaines validations, le jury juge d'après des mises en situation professionnelles. Vous y serez convoqué par une lettre vous précisant la durée et les modalités des épreuves.

### • Après l'étude de votre dossier ou la mise en situation, vous êtes convoqué à un entretien avec le jury

Cet entretien est destiné à préciser certains points de votre dossier, à expliciter certains aspects de votre parcours, et à juger certains savoir-être particulièrement importants dans certains métiers : expression orale, présentation, rapidité d'esprit, sens du contact…

Vous recevrez les résultats de la validation chez vous : le diplôme présenté, dans sa totalité, ou une attestation de validité partielle.

# Après l'avis du jury

Tout dépend du verdict.

## • Vous avez obtenu une validation partielle de votre expérience

De toute évidence, vous manquez d'expérience dans certains domaines. Comment faire pour obtenir la totalité du diplôme ?

– Déterminez bien le type d'expérience qui vous manque.

– Étudiez les moyens dont vous disposez pour obtenir cette expérience dans le cadre de votre activité. Vous est-il possible d'acquérir cette expérience dans vos conditions actuelles de travail ? Est-il nécessaire que vous changiez de poste ? Si vous ne pouvez acquérir cette expérience dans votre travail, envisagez une formation complémentaire modulable, c'est-à-dire une formation qui ne vous apporte que l'expérience dont vous avez besoin.

– Vous êtes demandeur d'emploi : étudiez avec votre conseiller ANPE les possibilités d'acquérir cette expérience, par un stage, par exemple, ou par une formation.

## • Vous avez obtenu le diplôme visé

En vous engageant dans une VAE, vous aviez un objectif. Vous avez maintenant l'outil pour l'atteindre.

– Si vous êtes demandeur d'emploi : modifiez votre CV en mentionnant votre diplôme.

– Si vous êtes salarié, présentez votre diplôme à votre employeur; n'espérez pas qu'il vous propose immédiatement promotion et augmentation. Sachez que la loi ne l'y oblige pas. Mais il va prendre conscience que vous n'avez pas effectué cette démarche sans un but précis, et il va certainement étudier un moyen de prendre en compte votre nouvelle qualification.

– Vous pouvez aussi, si cette expérience de VAE vous a satisfait, poursuivre votre évolution en préparant d'autres diplômes, grâce à la formation professionnelle continue, par exemple.



### Si l'expérience est positive...

**Pourquoi ne pas continuer à progresser dans votre qualification ?**
**Vous connaissez maintenant la VAE, ses exigences mais aussi les satisfactions qu'elle procure. Prévoyez votre avenir : notez régulièrement vos acquis sur un cahier réservé à cet usage, pensez à archiver tous les documents qui prouvent votre niveau. Consultez périodiquement le Répertoire national des certifications professionnelles ou l'organisme qui a validé votre précédente expérience pour définir le diplôme qui correspond à votre profil.**

VALIDATION DES ACQUIS

### Les points conseils en VAE

**Ils sont situés dans des centres de bilan, des FONGECIP, des missions locales, des CIO (Centre d'information et d'orientation). Ils ont pour mission de donner des conseils neutres et personnalisés à tous les publics et garantissent la confidentialité des informations reçues.**

# Pour satisfaire vos besoins d'information

La VAE vient de se mettre en place. Les dispositifs sont amenés tout naturellement à évoluer, et en particulier la gamme des certifications. Comme nous vous l'avons dit, pour ne pas vous tromper de diplôme, il est important de soumettre votre cas particulier à des professionnels de la validation qui sauront vous conseiller au mieux de vos intérêts.

Renseignez-vous auprès :
– des organismes officiels relatifs à la formation professionnelle,
– de la Commission Nationale de la Certification Professionnelle,
– des organismes valideurs : ministères, CNAM…
– des points relais conseils en VAE.

# Le bilan en solo.

Dans ce chapitre :

- votre formation initiale
- vos formations complémentaires
- vos expériences professionnelles
- vos activités extraprofessionnelles
- vos qualités et vos aptitudes
- vos compétences
- l'avis de vos proches
- votre travail actuel
- votre profil professionnel
- vos objectifs et vos priorités
- votre portrait
- votre projet professionnel
- et maintenant…
- et ensuite

Peut-on faire soi-même un bilan fiable sans passer par un centre de bilan de compétences ?

EN SOLO

### Le bilan en solo peut-il préparer au bilan de compétences institutionnel ?

● **Oui, si vous gardez l'esprit ouvert à toute réflexion extérieure, si votre autobilan a débouché sur des doutes, des questions restées sans réponse, qu'un regard extérieur vous permettrait certainement d'éclairer. C'est cet avis-là qui fait l'intérêt et la richesse du bilan de compétences institutionnel.**

● **Non, si vous n'attendez qu'une validation de votre autobilan sans accepter des idées nouvelles et des ouvertures vers d'autres horizons.**

# Un bilan soi-même ?

La question est fréquente, et la réponse n'est pas simple.

Il ne faut pas comparer deux bilans qui ne sont pas comparables. Un autobilan est indispensable pour construire un CV, rédiger des lettres de motivation, préparer des entretiens. Il permet de concevoir un dossier de candidature cohérent, ciblé et efficace.

Si ce bilan, fait dans la solitude de votre bureau, n'a pas l'objectivité d'un bilan de compétences institutionnel réalisé avec un consultant professionnel, il est néanmoins un outil essentiel dans toute gestion de carrière, en particulier pour la recherche d'emploi. Il permet d'abord de se connaître et, ensuite, de se décrire.

Mais lorsqu'on se sent perdu, qu'on hésite sur les pistes à suivre, on a besoin d'un avis impartial et éclairé sur toutes les composantes de son parcours, mais aussi sur les possibilités d'avenir et sur la conjoncture du marché du travail. Car le regard de « l'autre », le dialogue avec une personne qui prend la balle au bond, vous relance, note des propos récurrents, vous amène souvent à découvrir des aspects de votre personnalité que vous ne soupçonniez pas. En effet, comme la plupart des gens, vous méconnaissez probablement une grande partie de vos compétences, de vos aptitudes, et surtout de votre potentiel. Il est beaucoup plus fréquent de se sousestimer que de se surestimer. Cela explique l'importance du regard extérieur d'un conseiller d'un organisme de bilan de compétences, car il est parfaitement objectif et vous situe par rapport à un échantillonnage très large de personnes. Par ailleurs, un consultant qui connaît bien les possibilités de formation et le marché du travail de votre secteur peut vous ouvrir des horizons auxquels vous n'auriez pas pensé.

Le bilan en solo que nous vous proposons de faire ici est un pas vers une réflexion approfondie sur vos compétences, votre profil, vos souhaits. Il vous sera précieux pour construire votre dossier de candidature et réfléchir sur vos possibilités d'évolution ou de changement. Il n'exclut pas que vous puissiez entreprendre, si vous en avez la possibilité, un bilan de compétences en cabinet avec un professionnel.

## Quelques consignes

– Prévoyez du temps. Consacrez à votre bilan en solo au moins une demi-journée, davantage même si votre parcours est riche et diversifié. C'est votre bonheur, et d'une certaine façon celui de votre entourage, qui est en jeu. Travaillez dans le calme. Munissez-vous de tous les documents qui peuvent rafraîchir votre mémoire : bulletins de salaire, agendas, certificats…
– Procédez par ordre chronologique. Notez avec précision non seulement les faits, mais aussi vos pensées, vos souvenirs, vos impressions, vos sentiments.

## Le risque de l'autobilan et comment l'éviter

Concentré sur vos idées, vos *a priori*, vous risquez d'orienter vos réflexions dans une mauvaise direction. Pour remédier à toute dérive :

• demandez l'avis d'un proche qui accepte de vous donner son avis en toute franchise. Attention, il n'est pas facile d'être impartial : il est tellement tentant de faire plaisir à un ami, et de ne pas lui dire ce qui peut lui être désagréable !

• étayez chacune de vos réponses d'exemples concrets, tirés de votre vie professionnelle et personnelle. Si vous n'en trouvez pas, c'est sans doute que le trait de caractère que vous cherchez à illustrer n'est pas si marquant que vous le pensiez.

EN SOLO

## Un bilan pour argumenter

**Que vous vouliez évoluer, progresser, changer…, il va vous falloir prouver à un employeur (peut-être même votre employeur actuel si vous voulez demander une promotion) que vous êtes l'homme ou la femme de la situation. LE bon candidat, c'est vous. Comment le prouver ? En étant capable d'écrire et de dire à un employeur potentiel : « Voici ce que j'ai fait, ce que je sais faire, ce que je veux faire, ce que je peux faire pour vous, et pourquoi je souhaite le faire. »**

EN SOLO

### Mémoires, rapports, thèses

**Les travaux rédactionnels font partie de nombreux cursus universitaires. Qu'avez-vous rédigé ? Comment ? De quelles qualités avez-vous fait preuve pour mener à bien votre travail ? quelles ont été vos notes et les appréciations de vos examinateurs ?**

# Les éléments de votre bilan

## Votre formation initiale

Il s'agit là des études, des stages que vous avez faits et des emplois occasionnels et saisonniers que vous avez exercés avant d'entrer dans la vie active.

### • Vos études

Elles vous ont conduit, en principe, à obtenir des diplômes et à acquérir des compétences théoriques et pratiques. Notez dans l'ordre chronologique :

– Établissements fréquentés................
– Appréciations des enseignants............
– Sentiments personnels (mal-être, épanouissement…).....
– Diplômes obtenus, lesquels, comment (matières fortes, niveau de travail fourni)...........
– Diplômes non validés : lesquels, pourquoi (manque de travail, lacunes antérieures, désintérêt, problèmes personnels, manque de motivation, mauvaise orientation) .................

### • Vos choix de formation

Lorsqu'on interroge des professionnels sur leurs choix de carrière, il est fréquent d'entendre : « C'est par hasard que j'ai suivi cette voie ». Souvent pourtant, *a posteriori*, on s'aperçoit que le hasard a bien fait les choses, et que le secteur d'activité choisi leur convient plutôt bien. D'autres, tentés par des carrières artistiques, n'ont pas pu ou pas voulu se risquer dans une aventure incertaine et continuent de regretter leur rêve d'adolescent.

– Raisons de vos choix de formation (pression des parents, exemple de la fratrie, des amis, conseil des professeurs, orientation d'un psychologue scolaire…) ...............
– Ce que vous auriez aimé faire d'autre............

– Pourquoi ne l'avez-vous pas fait (manque de moyens financiers, de dispositions dans certains domaines, opposition de la famille, crainte du manque de débouchés…)……………

## • Vos stages

Cette rubrique est intéressante à compléter, même si pour vous ces stages sont loin maintenant. En effet, considérez comment ont évolué les compétences et les savoir-faire acquis pendant ces stages. Les avez-vous développés dans vos expériences ultérieures ou n'avez-vous pas eu l'occasion de les mettre en valeur ? Indiquez pour chacun de vos stages, même ceux des études secondaires :

– Entreprise…………
– Dates…………
– Classe ou niveau d'études …………
– Comment l'avez-vous trouvé ?…………
– Quelles fonctions avez-vous exercé……………..
– Quels travaux avez-vous réalisés ?…………
– Quelles compétences avez-vous mises en œuvre ou développées……………..
– Comment avez-vous été apprécié par votre responsable de stage ?……….
– Qu'est-ce qui vous a plu (ambiance, travaux effectués…) ? …………..
– Qu'est-ce qui vous a déplu ? ……….
– Quel enseignement en avez-vous retiré, sur vous, sur le monde du travail (vos aptitudes, vos qualités, vos faiblesses…) ?……….

## • Les acquis de votre formation initiale

Notez ici tout ce que vos études vous ont appris à faire. Il est probable que plus votre niveau d'études est élevé, plus il sera difficile pour vous de cibler vos compétences, car il s'agit en général plus de « savoir-être », de tournure d'esprit que de compétences techniques et pratiques.

**EN SOLO**

**Trouver un stage pour valider des études est devenu presque aussi difficile que trouver un premier emploi. Comment vous y êtes-vous pris ? Quels talents, quelles compétences avez-vous dû mettre en jeu pour les trouver ? Sens de l'organisation, bon relationnel, débrouillardise, persévérance…**

N'oubliez pas de noter les qualités personnelles que vous avez déployées pour trouver ces stages.

**EN SOLO**

## Langues étrangères

**Elles sont devenues incontournables dans la plupart des métiers, et lorsqu'elles ne sont pas obligatoires, elles sont très appréciées. Évaluez le plus précisément possible votre niveau de connaissances. Comme pour les stages, faites le bilan de vos séjours significatifs (plus de trois mois) à l'étranger. Notez le contexte de vos séjours, les activités exercées, vos acquisitions sur le plan linguistique et culturel, les aptitudes et les qualités développées (autonomie, sens de l'organisation, débrouillardise.)**

## Les « petits boulots »

**Ils permettent aussi de développer des compétences et des aptitudes exploitables par la suite. Par exemple :**

- **serveur/serveuse de restaurant : rapidité, résistance au stress et à la fatigue physique, relationnel...**
- **baby-sitting : patience, sens des responsabilités...**
- **hôte/hôtesse d'accueil : bonne présentation, relationnel, disponibilité...**
- **prospection téléphonique : sens du contact, patience, ténacité...**
- **distribution de prospectus : résistance physique, persévérance...**

### • Emplois occasionnels et saisonniers

Sans faire vraiment partie du parcours professionnel, ces expériences ne présentent pas seulement un intérêt financier pour les jeunes qui les exercent.

Faites la liste de tous les « petits boulots » exercés en marge de vos études en notant :

Dates...........
Employeur.........
Fonction.......
Qualités et aptitudes nécessaires..........
Appréciation de votre employeur.........
Ce qui vous a plu.........
Ce qui vous a déplu..........

## Vos formations complémentaires

Cette rubrique doit être particulièrement développée si votre métier est sujet à une évolution technologique rapide, ou si vous avez été amené à changer de poste avec des responsabilités différentes ou supplémentaires.

– Dates..................
– Thèmes.....................
– Contexte (plan formation entreprise, congé individuel de formation...)......
– Connaissances et compétences acquises*................
– Diplômes acquis par validation à la suite d'une formation ................

## Vos expériences professionnelles

Cette rubrique constitue évidemment le champ de vos compétences. Apportez-y la plus grande attention. Détaillez le plus possible chaque point. Notez par ordre chronologique pour chaque entreprise :

– Nom de la société...
– Secteur d'activité.........

---

* Reportez-vous à la liste des qualités et des aptitudes des pages 97 et suivantes.

– Dates d'entrée et de sortie ...............
– Poste occupé ...................
– Niveau de responsabilités ............
– Missions ...........
– Compétences, aptitudes, savoir-faire mis en œuvre et/ou acquis* .................
– Environnement (rapports avec la hiérarchie, les collègues, les partenaires, les concurrents…)....
– Qu'avez-vous réussi ? comment ? grâce à quelles compétences et quelles qualités ?..........
– Qu'avez-vous raté ? pour quelles raisons (manque de travail, de formation, d'expérience, compétences insuffisantes ou mal adaptées, mauvaise appréhension des problèmes….) ? .........
– Ce qui vous a plu ...............
– Ce qui vous a déplu ...........
– Rémunération à votre arrivée et à votre départ.......
– Raisons de votre départ .................

## Les clés de la réussite

Il est des qualités qui vous ouvriront des portes, quels que soient votre métier et votre secteur :

• l'adaptabilité : capacité d'être efficace rapidement face à des technologies évolutives, des équipes reconfigurées, des informations sans cesse renouvelées;

• la ponctualité, qu'il s'agisse de respecter les horaires de travail ou la remise de dossiers dans les délais fixés;

• le sens des responsabilités : aptitude à faire correctement et dans les temps le travail qui vous est confié, à assumer des actes et des décisions ayant des incidences financières ou humaines.

EN SOLO

## Les raisons du départ

**Qu'il soit volontaire ou subi, il est toujours utile d'analyser les motifs du départ d'une entreprise. Pour éviter de vous trouver à l'avenir dans une situation identique.**

**● Démission : salaire insuffisant, travail inintéressant ou inadapté à vos compétences, relations conflictuelles avec l'entourage, perspectives d'avenir inexistantes ou insuffisantes, déplacement géographique, changement de cap (création d'entreprise, éducation des enfants, installation en libéral...).**

**● Licenciement : inadaptation au poste, résultats non atteints, motif économique, désaccord avec la hiérarchie, faute...**

EN SOLO

### Il y a une vie après le bureau...

**Avoir réussi à force de persévérance à perdre 10 kilos, avoir organisé un périple en Argentine sac au dos pendant l'été, avoir refait entièrement son appartement, s'occuper régulièrement d'enfants en difficulté scolaire, participer à un programme d'alphabétisation... sont autant d'activités qui, bien que sortant du champ strictement professionnel, dénotent de sérieuses qualités. Il serait dommage de ne pas les exploiter.**

## Vos activités extraprofessionnelles

Cet aspect de la vie est souvent négligé dans un bilan en solo, car on estime qu'il relève de la sphère privée. Or, les aptitudes et les compétences s'exercent aussi dans la vie quotidienne, dans le cadre de vos loisirs. Faites le tour de vos activités sportives, artistiques, bénévoles, associatives, culturelles... Décrivez-les et demandez-vous grâce à quelles qualités ou compétences vous réussissez dans ces domaines divers, et ce que ces expériences vous ont apporté. Imaginez comment ces compétences peuvent être transposées dans le domaine strictement professionnel.

– Type d'activité (lecture, cinéma, photo, bricolage, jardinage, cuisine, ouvrages manuels, sports, sites visités...)
– Compétences, aptitudes, qualités mises en pratique ou acquises*...
– Comment (description des faits concrets).........
– Si vous étiez à la retraite, qu'aimeriez-vous faire ?.........

## Vos qualités et vos aptitudes

Même si on parle de « vie professionnelle » et de « vie privée » en les opposant parfois, sachez que les paramètres de la vie privée sont à prendre largement en considération dans la vie professionnelle. On travaille avec ses compétences, mais aussi très largement avec ses qualités. Et si on réussit, c'est grâce aux unes comme aux autres. C'est pourquoi ce bilan personnel a toute sa place dans une approche de bilan de compétences.

Reprenez chaque point suivant en cochant d'une croix l'attitude qui s'approche le plus de la vôtre. Cherchez à illustrer la façon dont vous avez concrètement développé, en situation de travail, vos qualités et vos aptitudes.

* Reportez-vous à la liste des qualités et des aptitudes des pages 97 et suivantes.

## Qualités et aptitudes

**Adaptabilité**
– vous faites face à l'évolution de votre environnement efficacement et sans problème
– vous supportez mal les changements
Exemples concrets illustrant cette qualité : ..........

**Affirmation de soi**
– vous vous imposez facilement, vous savez dire « non »
– vous avez du mal à faire entendre votre point de vue, vous acceptez des tâches alors que vous êtes déjà « booké »
Exemples concrets illustrant cette qualité : ..........

**Aisance relationnelle**
– vous vous sentez à l'aise partout avec tout le monde
– vous êtes gêné dès que vous sortez de votre milieu habituel
Exemples concrets illustrant cette qualité : ..........

**Ambition**
– vous avec des objectifs et êtes décidé à les atteindre
– vous vous contentez de ce que vous avez
Exemples concrets illustrant cette qualité : ..........

**Anxiété**
– vous dominez mal vos craintes
– vous êtes d'un naturel serein
Exemples concrets illustrant cette qualité : ..........

**Apparence**
– vous prenez grand soin de votre allure physique
– vous vous préoccupez peu de votre aspect
Exemples concrets illustrant cette qualité : ..........

**Aptitude à argumenter**
– vous savez convaincre votre entourage d'agir dans le sens que vous désirez
– vous avez du mal à persuader vos interlocuteurs
Exemples concrets illustrant cette qualité : ..........

**Aptitude à calculer**
– vous aimez jongler avec les chiffres
– vous êtes fâché avec la table de multiplication
Exemples concrets illustrant cette qualité : ..........

**Aptitude à déléguer**
– vous confiez facilement une part de vos responsabilités à un collaborateur........
– vous voulez tout faire vous-même......
Exemples concrets illustrant cette qualité : ..........

**Aptitude à gérer**
– la responsabilité d'un budget ne vous effraie pas
– vous détestez faire vos comptes
Exemples concrets illustrant cette qualité : ..........

**Aptitude à hiérarchiser**
– vous savez organiser les priorités
– vous êtes vite dépassé par plusieurs dossiers à traiter
Exemples concrets illustrant cette qualité : ..........

**Aptitude à mener une équipe**
– vous savez organiser le travail d'un groupe en respectant les intérêts de tous
– vous avez du mal à entraîner les autres
Exemples concrets illustrant cette qualité : ..........

**Aptitude à négocier**
– vous savez trouver des accords respectant les intérêts de tous
– vous ne démordez pas de vos positions
Exemples concrets illustrant cette qualité : ..........

**Aptitude à travailler en équipe**
– vous coopérez volontiers
– vous préférez travailler seul
Exemples concrets illustrant cette qualité : ..........

**Aptitude à réaliser**
– vous mettez facilement les théories en pratique
– vous avez du mal à traduire les idées en actes
Exemples concrets illustrant cette qualité : ..........

**Aptitude à régler les problèmes**
– vous détestez les situations difficiles et trouvez des solutions rapides
– vous laissez traîner les problèmes jusqu'à ce qu'ils se dénouent d'eux-mêmes
Exemples concrets illustrant cette qualité : ..........

**Aptitude au travail de terrain**
– vous êtes à l'aise dans le concret
– vous préférez étudier les problèmes de loin
Exemples concrets illustrant cette qualité : ..........

**Assurance**
– vous êtes sûr de vous en toutes circonstances
– vous êtes plutôt timide
Exemples concrets illustrant cette qualité : ..........

**Autodiscipline**
– vous savez vous donner des limites et les respecter
– vous avez besoin d'une autorité hiérarchique
Exemples concrets illustrant cette qualité : ..........

**Autonomie**
– vous êtes capable d'agir seul à partir de consignes générales
– vous avez besoin que votre travail soit bien encadré
Exemples concrets illustrant cette qualité : ..........

**Autorité**
– vous vous faites naturellement respecter

– vous ne savez pas vous faire obéir
Exemples concrets illustrant cette qualité : ..........

**Calme**
– vous êtes placide en toutes circonstances
– vous ne tenez pas en place
Exemples concrets illustrant cette qualité : ..........

**Capacité à défendre vos intérêts**
– vous savez argumenter, discuter pour préserver vos intérêts
– vous vous faites souvent berner
Exemples concrets illustrant cette qualité : ..........

**Aptitude à déléguer**
– vous savez confier un travail, vous faire représenter
– vous faites tout vous-même
Exemples concrets illustrant cette qualité : ..........

**Capacité à reconnaître vos erreurs**
– vous faites amende honorable si vous vous apercevez de vos fautes
– vous ne démordez pas de votre point de vue même si vous savez que vous avez tort
Exemples concrets illustrant cette qualité : ..........

**Capacité à vous mettre en valeur**
– vous savez faire valoir vos qualités et vos compétences sans fanfaronnade
– vous détestez parler de vos mérites
Exemples concrets illustrant cette qualité : ..........

**Combativité**
– vous vous battez jusqu'au bout pour obtenir ce que vous voulez
– vous baissez les bras facilement
Exemples concrets illustrant cette qualité : ..........

**Communication**
– vous savez faire passer des messages clairs
– vous éprouvez des difficultés à faire passer vos idées
Exemples concrets illustrant cette qualité : ..........

**Concentration**
– vous êtes attentif sans effort
– vous vous dispersez facilement
Exemples concrets illustrant cette qualité : ..........

**Confiance en vous**
– vous avez la notion de votre valeur personnelle
– vous avez tendance à vous dévaloriser
Exemples concrets illustrant cette qualité : ..........

**Créativité**
– vous êtes imaginatif
– vous restez dans les sentiers battus

Exemples concrets illustrant cette qualité : ..........

**Diplomatie**

– vous agissez avec tact
– vous ne mâchez pas vos mots

Exemples concrets illustrant cette qualité : ..........

**Discipline**

– vous acceptez de vous plier aux règlements
– vous détestez les contraintes

Exemples concrets illustrant cette qualité : ..........

**Discrétion**

– vous agissez avec réserve
– vous aimez vous faire remarquer

Exemples concrets illustrant cette qualité : ..........

**Disponibilité**

– vous savez réorganiser votre emploi du temps pour faire face aux sollicitations imprévues
– vous avez une organisation rigide que vous refusez de modifier

Exemples concrets illustrant cette qualité : ..........

**Dynamisme**

– vous débordez d'énergie
– vous êtes nonchalant

Exemples concrets illustrant cette qualité : ..........

**Écoute**

– vous prenez volontiers le temps de porter attention aux dires de votre entourage...
– vous n'aimez pas qu'on vous dérange pour se confier à vous

Exemples concrets illustrant cette qualité : ..........

**Élocution**

– vous aimez prendre la parole en public
– vous détestez parler devant un auditoire

Exemples concrets illustrant cette qualité : ..........

**Émotivité**

– vous laissez apparaître vos sentiments devant une situation émouvante ou angoissante
– vous restez de marbre dans cette circonstance

Exemples concrets illustrant cette qualité : ..........

**Esprit d'analyse**

– vous discernez facilement les rapports de cause à effet dans un événement ou une situation
– vous établissez difficilement des enchaînements logiques

Exemples concrets illustrant cette qualité : ..........

**Esprit critique**

– vous savez faire la part des choses
– vous avez du mal à départager le pour du contre

Exemples concrets illustrant cette qualité : ..........

**Esprit de compétition**
– vous aimez gagner
– vous détestez vous mesurer aux autres
Exemples concrets illustrant cette qualité : ..........

**Esprit d'équipe**
– vous aimez travailler avec des collaborateurs
– vous préférez travailler seul
Exemples concrets illustrant cette qualité : ..........

**Esprit d'initiative**
– vous aimez faire des propositions innovantes
– vous restez dans le cadre qui vous est fixé
Exemples concrets illustrant cette qualité : ..........

**Esprit de décision**
– vous tranchez à bon escient après avoir mesuré les risques
– vous hésitez longuement avant de faire un choix
Exemples concrets illustrant cette qualité : ..........

**Esprit de synthèse**
– vous résumez facilement les faits en soulignant l'important
– vous avez du mal à aller droit à l'essentiel
Exemples concrets illustrant cette qualité : ..........

**Esprit logique**
– vous tirez des événements des conclusions raisonnées
– vous êtes souvent contradictoire
Exemples concrets illustrant cette qualité : ..........

**Expression écrite**
– vous savez formaliser votre pensée, et structurer lettres et rapports
– vous éprouvez l'angoisse de la feuille blanche pour une simple note de service
Exemples concrets illustrant cette qualité : ..........

**Expression orale**
– vous exprimez facilement et clairement votre pensée
– vous avez du mal à trouver vos mots et à faire passer un message
Exemples concrets illustrant cette qualité : ..........

**Fiabilité**
– on peut compter sur vous
– vous avez du mal à tenir vos engagements
Exemples concrets illustrant cette qualité : ..........

**Franchise**
– vous dites volontiers la vérité
– vous avez tendance à « noyer le poisson »
Exemples concrets illustrant cette qualité : ..........

**Goût de l'effort**
– vous vous donnez du mal pour réussir

– vous vous laissez porter par les événements
Exemples concrets illustrant cette qualité : ……….

**Humeur égale**
– vous avez un caractère égal quelles que soient les circonstances
– votre humeur varie selon le temps, l'environnement, les événements
Exemples concrets illustrant cette qualité : ……….

**Impatience**
– vous piaffez devant les obstacles
– vous savez attendre votre heure
Exemples concrets illustrant cette qualité : ……….

**Implication**
– vous adhérez volontiers à la culture de l'entreprise qui vous emploie
– vous vous investissez peu personnellement dans l'entreprise
Exemples concrets illustrant cette qualité : ……….

**Impulsivité**
– vous retenez mal vos pulsions
– vous vous maîtrisez très bien
Exemples concrets illustrant cette qualité : ……….

**Indépendance**
– vous avez besoin de liberté pour vous épanouir
– vous appréciez d'être encadré
Exemples concrets illustrant cette qualité : ……….

**Intuition**
– vos pressentiments se révèlent souvent exacts
– vous vous trompez souvent dans vos estimations
Exemples concrets illustrant cette qualité : ……….

**Leadership**
– vous emportez facilement l'adhésion des autres
– vous ne savez pas convaincre votre entourage
Exemples concrets illustrant cette qualité : ……….

**Mémoire**
– vous retenez facilement ce qui vous intéresse
– vous devez toujours tout noter
Exemples concrets illustrant cette qualité : ……….

**Méthode**
– vous réfléchissez posément à la meilleure façon d'entreprendre un travail
– vous vous précipitez sans prendre le temps de vous organiser
Exemples concrets illustrant cette qualité : ……….

**Minutie**
– vous aimez les choses bien faites
– vous avez peu le sens du détail
Exemples concrets illustrant cette qualité : ……….

**Mobilité**
– vous aimez changer souvent de travail, de lieu ou d'environnement
– vous êtes casanier
Exemples concrets illustrant cette qualité : ..........

**Obéissance**
– vous exécutez les consignes sans rechigner
– vous ne supportez pas qu'on vous commande
Exemples concrets illustrant cette qualité : ..........

**Objectivité**
– vous savez faire la part des choses
– vous vous laissez facilement influencer
Exemples concrets illustrant cette qualité : ..........

**Ouverture d'esprit**
– vous vous intéressez à de nombreux domaines
– vous vous bornez à votre environnement
Exemples concrets illustrant cette qualité : ..........

**Patience**
– vous mettez le temps nécessaire à la réalisation d'une tâche sans vous énerver
– vous ne supportez pas les contretemps
Exemples concrets illustrant cette qualité : ..........

**Perfectionnisme**
– vous vous attachez à être parfait dans les moindres détails
– vous êtes peu sensible au raffinement
Exemples concrets illustrant cette qualité : ..........

**Persévérance**
– vous allez jusqu'au bout de vos projets
– vous lâchez prise facilement
Exemples concrets illustrant cette qualité : ..........

**Persuasion**
– vous faites passer facilement vos idées
– vous avez du mal à faire prendre vos points de vue en considération
Exemples concrets illustrant cette qualité : ..........

**Ponctualité**
– vous êtes toujours ponctuel
– vous avez l'habitude d'être en retard
Exemples concrets illustrant cette qualité : ..........

**Rapidité**
– vous êtes vif
– vous n'aimez pas être bousculé
Exemples concrets illustrant cette qualité : ..........

**Rapports avec votre hiérarchie**
– vous respectez vos supérieurs
– vous êtes du genre « forte tête »
Exemples concrets illustrant cette qualité : ……….

**Rapports avec vos pairs**
– vous vous sentez en concurrence
– vous vous réjouissez de leurs succès
Exemples concrets illustrant cette qualité : ……….

**Rapports avec vos subordonnés**
– vous êtes respecté et apprécié
– vous savez que vous n'êtes pas aimé
Exemples concrets illustrant cette qualité : ……….

**Réactivité**
– vous réagissez à la moindre attaque
– vous acceptez sans broncher les attaques
Exemples concrets illustrant cette qualité : ……….

**Réalisme**
– vous avez les pieds sur terre
– vous êtes du genre rêveur
Exemples concrets illustrant cette qualité : ……….

**Résistance au stress**
– vous faites face à la pression et aux tensions sans vous laisser démonter
– vous êtes facilement déstabilisé
Exemples concrets illustrant cette qualité : ……….

**Rigueur**
– vous êtes strict dans vos pensées et dans vos actes
– vous manquez d'exigence
Exemples concrets illustrant cette qualité : ……….

**Rythme de travail**
– vous savez travailler dans l'urgence
– vous avez besoin de calme et de temps pour bien travailler
Exemples concrets illustrant cette qualité : ……….

**Sens de l'improvisation**
– vous êtes capable de trouver au pied levé le comportement qui convient
– vous devez préparer vos actes et vos paroles
Exemples concrets illustrant cette qualité : ……….

**Sens de l'observation**
– vous savez regarder et écouter autour de vous et en tirer des enseignements positifs
– vous ne voyez pas ce qui se passe autour de vous
Exemples concrets illustrant cette qualité : ……….

**Sens de l'organisation**
– vous aimez planifier votre travail avant de l'exécuter

– vous êtes brouillon
Exemples concrets illustrant cette qualité : ..........

**Sens des responsabilités**
– vous aimez les assumer
– vous les redoutez et préférez suivre le mouvement
Exemples concrets illustrant cette qualité : ..........

**Sens du contact**
– vous allez spontanément vers les autres
– vous avez du mal à lier connaissance
Exemples concrets illustrant cette qualité : ..........

**Sens du dialogue**
– vous appréciez de discuter avec les autres
– vous n'écoutez personne
Exemples concrets illustrant cette qualité : ..........

**Sens pratique**
– vous résolvez facilement les problèmes du quotidien
– vous êtes facilement débordé par les événements
Exemples concrets illustrant cette qualité : ..........

**Sensibilité**
– vous êtes touché facilement par les actes et les paroles
– il en faut beaucoup pour vous émouvoir
Exemples concrets illustrant cette qualité : ..........

**Sociabilité**
– vous aimez et recherchez les contacts
– vous vous méfiez des inconnus
Exemples concrets illustrant cette qualité : ..........

**Stabilité**
– vous n'aimez pas les changements
– vous êtes toujours insatisfait
Exemples concrets illustrant cette qualité : ..........

**Subtilité**
– vous avez le sens des nuances
– vous vous attachez peu aux détails
Exemples concrets illustrant cette qualité : ..........

**Susceptibilité**
– vous vous irritez du moindre reproche
– il en faut beaucoup pour vous atteindre
Exemples concrets illustrant cette qualité : ..........

**Vulnérabilité**
– vous êtes facilement blessé
– vous vous laissez rarement démonter
Exemples concrets illustrant cette qualité : ..........

**EN SOLO**

## L'intelligence en question

**« Suis-je intelligent(e) ? » Voici une question qui revient souvent et qui inquiète ceux qui se soumettent à un bilan de compétences. Les résultats du bilan ne donneront pas une réponse tranchée à ce type de question, car chacun de nous possède des formes différentes d'intelligence, et dans des proportions variables.**

- **L'intelligence théorique : façon dont on apprend, dont on comprend, dont on résout les problèmes, dont on analyse les situations.**
- **L'intelligence spatiale : façon dont on perçoit le monde, dont on se situe dans l'espace, dont on apprécie les distances, dont on manipule les objets…**
- **L'intelligence sociale : facultés relationnelles (rapports avec les autres).**
- **L'intelligence émotionnelle, qui consiste à déceler, identifier et gérer les émotions, chez soi et chez les autres.**
- **Le sens pratique : forme concrète d'intelligence qui permet de réaliser des actes de la vie quotidienne avec facilité et rapidité.**
- **La créativité, l'imagination : façon dont on ressent et dont on pratique l'art, qu'il soit musical, pictural…**

## Vos compétences

Il s'agit là de faire la liste de vos savoir-faire purement professionnels. Par exemple :

– je sais changer une installation électrique
– je sais réparer un embrayage
– je sais monter un dossier de financement
– je sais rédiger un dossier de presse…

C'est en reprenant vos agendas professionnels, en vous souvenant des tâches que vous avez effectuées ces dernières semaines que vous pourrez effectuer ce travail. Il est essentiel de fouiller votre mémoire et d'apporter beaucoup de soin à cette partie du bilan.

## L'avis de vos proches

Faites valider votre bilan en solo par un tiers. Cette personne peut être un membre de votre famille, un ami, un collègue. Mais quel que soit le rapport qui vous lie, assurez-vous à la fois de sa franchise et de son engagement. Il ne doit pas parcourir du regard votre bilan, et se contenter d'acquiescer. Il ne doit pas craindre votre susceptibilité. S'il pense que vous lui en voudrez s'il vous fait des remarques peu agréables à entendre, il sera tenté de se taire. De votre côté, vous devez avoir une totale confiance en son jugement. Il doit vous renvoyer une image fidèle de ce qu'il perçoit en vous.

Bien sûr, si vous pouvez demander l'avis de plusieurs personnes, une opinion récurrente sera un indice beaucoup plus fiable encore.

## Votre travail actuel

Avant d'envisager l'avenir, il est important de faire le point sur votre emploi actuel. Posez-vous ces questions :

### • Que vous apporte votre emploi actuel ?

– sur le plan financier
– sur le plan satisfaction personnelle, plaisir à aller travailler chaque jour

– sur le plan relationnel
– sur le plan intellectuel
– sur le plan de la reconnaissance sociale
– sur le plan créatif
– pour votre CV
– autre

### • Qu'est-ce qui vous plaît dans votre travail actuel ?

– la fonction exercée
– l'entourage relationnel
– la rémunération
– la proximité géographique de votre domicile
– autre

### • Qu'est-ce qui vous rend malheureux dans votre emploi actuel ?

– vos relations avec votre hiérarchie
– vos relations avec vos collègues
– vos relations avec vos subordonnés
– vos conditions physiques de travail
– vos trajets
– le salaire insuffisant
– le manque de stimulation
– autre

### • Si vous vous ennuyez dans votre travail actuel, essayez d'en définir la raison :

– tâches répétitives
– mêmes tâches depuis trop longtemps
– absence de stimulations (compliments, primes, promotion, augmentation, résultats chiffrés…)
– absence d'intérêt personnel
– autre

### • Si vous ressentez un mal-être diffus dans votre poste actuel, analysez-en les raisons ; est-il dû à :

– la fonction proprement dite

EN SOLO

## Tryphon Tournesol

**Qui ne connaît ce personnage de *Tintin*, haut en couleur ? Le brave professeur est un scientifique de génie, créatif, imaginatif et innovateur… mais dénué de tout sens pratique, étourdi et perdu dans ses pensées. Que dire de lui ? Intelligent il l'est à l'évidence, mais il est toujours dans la lune et peu intéressé par les contingences matérielles.**

## Questions à poser à votre « miroir »

**Pour que la participation de la personne que vous avez sollicitée soit efficace, aidez-la un peu. Posez-lui des questions précises, ciblées :**

- **Quelles sont d'après vous mes qualités principales ?**
- **Quels sont d'après vous mes lacunes ?**
- **Qu'est-ce qui vous paraît intéressant dans mon parcours ?**
- **Est-ce que tel échec vous paraît vraiment grave ?**
- **Comment ressentez-vous mon projet ?**

**Si votre conseiller est coopératif, donnez-lui une copie de la liste des qualités et aptitudes en lui demandant de commenter ses réponses pour chaque critère. Ce test sera certainement très révélateur.**

EN SOLO

## Gérez les conflits de motivation

**« On ne peut avoir le beurre et l'argent du beurre » dit le proverbe. Certaines motivations sont inconciliables. Faites le plus honnêtement possible le point de vos aspirations et de vos désirs, même s'ils vous paraissent paradoxaux. Hiérarchisez ensuite vos priorités, et réfléchissez bien pour savoir à quoi vous êtes prêt à renoncer. Les compromis sont souvent source de tensions et d'insatisfactions.**

**Par exemple :**

**Je veux vivre à la campagne... suis-je prêt à passer beaucoup de temps dans les transports pour aller travailler en ville?**

**Je veux acheter un appartement, donc je veux gagner plus d'argent... suis-je prêt à travailler beaucoup plus, au détriment des mes heures de loisirs et de ma famille ?**

**J'ai envie de liberté, je veux travailler en libéral... suis-je prêt à affronter l'angoisse du lendemain si les contrats se font attendre ?**

**Ensuite, examinez les possibilités de solutions de rechange. Par exemple :**

**je veux vivre à la campagne mais je n'ai pas envie de passer du temps dans les moyens de transport ; puis-je espérer trouver près de chez moi l'emploi qui me convient ? si non, quel choix vais-je faire ?**

– l'environnement (bureau bruyant, mal exposé...)
– des contacts difficiles (supérieurs, collègues, subordonnés...)
– un déséquilibre entre votre vie professionnelle et votre vie privée
– des responsabilités que vous ne vous sentez pas apte à assumer
– un manque de valorisation et d'encouragements
– autre

• Si vous envisagez une reconversion, demandez-vous si ce désir n'est pas le fruit d'un « ras-le-bol » plus général, si vos conditions de travail ne sont pas directement en cause.

• Citez deux ou trois expériences professionnelles qui vous ont particulièrement plu. Analysez-en les raisons : compétences exercées, cadre de travail, type de relations, résultats obtenus...

## Votre profil professionnel

Définissez maintenant votre potentiel afin de savoir si vous avez les moyens d'évoluer immédiatement ou si vous devez entreprendre une réflexion ou une formation complémentaire, ou encore une validation de votre expérience.

• Pourriez-vous facilement transférer vos compétences dans un autre secteur ?

• Vos compétences sont-elles actualisées ou auriez-vous besoin d'une mise à niveau ?

• Êtes-vous très attaché à la culture d'entreprise ?

• L'absence de diplôme est-elle un frein à votre évolution de carrière ?

• Pensez-vous souvent à élargir votre champ d'action ? Vous en sentez-vous les moyens ? Ou estimez-vous pouvoir les obtenir ?

• Quels sont vos critères de réussite professionnelle (promotions régulières, augmentations de salaire, félicitations de votre employeur, représentations de l'entreprise à l'extérieur, interviews dans la presse...) ?

## Vos objectifs et vos priorités

Vous avez, comme tout être humain, des besoins. Ce sont des besoins vitaux, comme vous nourrir, dormir, vous loger, vous soigner, ce qui vous impose d'avoir un minimum de ressources. Mais vous avez aussi des besoins sociaux, ceux d'appartenir à un groupe, que ce soit une famille ou un réseau amical. Puis des besoins moraux, comme d'exploiter votre potentiel, donner un sens à votre vie, être reconnu. À des degrés divers, un manque entraîne une frustration qui nuit à l'épanouissement et se répercute sur la façon de penser et d'agir.

### • Quel environnement préférez-vous ?

– une grande entreprise, nationale ou internationale
– une PME
– une activité libérale

### • Quelle évolution de carrière souhaitez-vous ?

– obtenir une promotion dans la même entreprise
– changer d'entreprise
– exercer un autre métier

### • Comment pensez-vous pouvoir y parvenir ?

– par une formation complémentaire
– par un diplôme, un titre, une certification
– par relations
– en travaillant davantage
– en acceptant un déménagement, une expatriation, des conditions de travail plus difficiles
– autre

### • Quelles sont vos priorités en terme de qualité de vie ?

– des revenus plus élevés
– davantage de temps libre
– des horaires réguliers
– des trajets courts
– autre

**EN SOLO**

**Un emploi adapté est un travail qui vous satisfait le plus possible. Vous avez des compétences, des qualités, des aptitudes, mais aussi certainement des désirs, des objectifs, des contraintes. Il est important d'en tenir compte pour établir un projet professionnel cohérent. Voici les bonnes questions à vous poser. Hiérarchisez vos réponses : placez en numéro 1 ce que vous souhaitez le plus.**

EN SOLO

## Votre portefeuille de talents

L'ensemble de vos compétences professionnelles, de vos qualités, de vos aptitudes constitue votre portefeuille de talents.

**Dressez le portrait du poste, de l'entreprise, de l'environnement qui vous conviendrait en fonction de vos traits de caractère et de vos compétences. Par exemple : une PME dans un secteur très concurrentiel, où on travaille beaucoup, où on prend peu de vacances, où les résultats sont constamment contrôlés, mais où on gagne très bien sa vie, où l'implication est forte, où les résultats sont mis en valeur et encouragés, est pour un professionnel compétent, ambitieux, solide nerveusement, imaginatif… et surtout pas friand de temps libre !**

**Résumons-nous :**

- **Que savez-vous faire ?**
- **Qu'aimez-vous faire ?**
- **Que pouvez-vous faire ?**

### • Que souhaitez-vous à l'avenir dans votre vie professionnelle ?

– une plus grande reconnaissance sociale
– de meilleures conditions de travail
– des responsabilités plus importantes
– des contacts plus enrichissants
– une plus grande autonomie de travail
– des possibilités d'évolution
– des tâches plus diversifiées
– une meilleure sécurité de l'emploi
– davantage de temps libre
– la proximité géographique de votre domicile
– autre

### • Quelles contraintes êtes-vous prêt à accepter pour atteindre vos objectifs professionnels ?

– des horaires lourds ou irréguliers
– des déplacements fréquents
– une mutation dans une autre région, un autre pays
– des périodes d'intense activité
– une grande disponibilité
– un stress fréquent
– une hiérarchie pesante
– une formation complémentaire
– des obligations sociales
– des revenus modestes
– des trajets longs
– autre

## Votre portrait

En reprenant vos notes, vous pouvez maintenant dresser votre portrait. Notez en trois colonnes les compétences, les qualités et les aptitudes que vous avez très développées, peu développées et pas développées ou absentes.

Puis répondez à ces questions pour pouvoir ébaucher votre projet professionnel :

• Quelles qualités, compétences, aptitudes souhaitez-vous développer dans les années à venir ?

• Quels sont les postes, les entreprises, les secteurs qui vous permettraient effectivement de les mettre en œuvre ?

• Dans quel environnement relationnel avez-vous le plus de chances de vous épanouir ?

• Que vous faut-il pour vous épanouir ?

– une petite structure avec des contacts étroits dans laquelle la personnalité du DG est primordiale, ou une grande structure plus impersonnelle

– un plan de carrière tracé par un DRH soucieux de votre bien-être professionnel, ou une totale liberté de manœuvre

– une qualité de vie avec des avantages en nature importants (trajets, horaires, appartement de fonction, voiture de fonction, mutuelle santé...)

– un intéressement au travail (pilotage de projets, stock options...

## Votre projet professionnel

Maintenant que vous avez dressé la liste de vos compétences, de vos aptitudes, de vos priorités et de vos souhaits, dressez les caractéristiques du travail idéal pour vous (sans vous censurer), puis interrogez-vous pour savoir si cet emploi idéal est réaliste.

• Quelles sont, selon vous, les compétences, les aptitudes, les qualités nécessaires dans ce métier ?

• Qu'est-ce qui vous empêche d'avoir ce travail idéal (qualités et aptitudes, qualification, niveau de connaissances, âge, disponibilité familiale, état de santé...) ?

• Est-il possible de remédier à ces empêchements et comment (par une formation complémentaire, un aménagement de votre vie privée...) ?

• Êtes-vous vraiment prêt à changer d'emploi ou d'entreprise ? le « ras-le-bol » d'une situation pesante suffit à motiver la volonté de changement. Et puis au moment de passer à l'acte, la peur de l'inconnu paralyse. Pesez bien le pour et le contre de chaque décision : changer ou rester.

EN SOLO

### Projet à étapes

**Vous pouvez penser à un projet professionnel à long terme. Dans ce cas, jalonnez-le d'étapes qui vous mèneront au but que vous vous êtes fixé. Mais attention, un projet professionnel est évolutif. Cela signifie qu'en fonction de vos réussites, de vos échecs, de vos contacts, de l'évolution de votre métier ou de votre secteur professionnel, vous pouvez être amené à l'ajuster. Les opportunités font partie de ces hasards qui influencent le cours de la vie. Il serait dangereux de vous enfermer dans un objectif limité.**

EN SOLO

## Les risques du changement et les risques de l'immobilisme

**Pour beaucoup de gens, l'idée d'un changement s'accompagne de craintes : la peur de l'inconnu est présente à des degrés divers ; les paris qui stimulent les plus entreprenants peuvent paniquer et inhiber les moins aventureux. Il est pourtant essentiel de vous demander quels sont pour vous les risques de changement et les risques de l'immobilisme. Par exemple : vous travaillez beaucoup et ne voyez pratiquement jamais votre famille : mettez-vous votre couple en danger en continuant ainsi ?**

**Vous travaillez assez peu, et vos revenus sont modestes. De ce fait, vous ne pouvez pas acheter l'appartement dont vous rêvez en vue de votre retraite : en profitant de loisirs aujourd'hui, nuisez-vous à votre sécurité financière et à votre tranquillité d'esprit plus tard ? Vous subissez dans votre travail une pression qui vous épuise, dans le but de progresser dans votre carrière : ne pourriez-vous pas évoluer favorablement sans subir tant de tension ?**

## Et maintenant ...

Maintenant, vous avez une idée assez précise de ce que vous pouvez faire, en fonction de vos goûts, de vos capacités et de vos impératifs personnels. La suite de ce bilan en solo consiste à prendre connaissance des pistes que vous pourriez suivre pour atteindre votre projet professionnel.

## Les bonnes questions à vous poser

Tout d'abord, recherchez, pour la fonction que vous visez :
– les compétences et les diplômes nécessaires
– l'avenir de ce secteur professionnel et de ce métier
– le salaire moyen
– l'état du marché du travail

Vous pourrez ensuite comparer les résultats de votre recherche avec vos objectifs et votre profil.

## Où chercher les informations utiles ?

Multipliez vos sources afin d'avoir des informations croisées.
– vos relations : elles vous donneront leur approche d'un secteur, d'un métier
–Les sites internet des entreprises qui vous intéressent
– les petites annonces, qui donnent des profils types selon les postes et les secteurs
– la presse spécialisée et professionnelle qui évoque la vie et les activités des entreprises

## Et ensuite ....

Prenez la bonne habitude, à la fin de chaque mission ou de chaque tâche nouvelle, de noter les compétences, les qualités, les aptitudes qu'elle vous a permis d'acquérir ou de mettre en valeur. Votre prochain bilan sera ainsi bien plus facile à réaliser.

# Adresses utiles

**Pour vous informer sur les formations**

• Association nationale pour la formation professionnelle des adultes (AFPA)
112, avenue Philippe-Auguste 75011 Paris
tél. : 01 55 25 18 00
web : www.afpa.fr

• le Centre d'Animation, de Ressources et d'Information sur les Formations (CARIF)
web : www.intercarif.org

• les Chambres de Commerce et d'Industrie de votre région
web : www.centre-inffo.fr

• le Centre d'Études et de Recherches sur l'Emploi et les Qualifications
web : www.Cereq.fr

• le Centre National d'Enseignement à distance (CNED)
Institut de Vanves 60, bd du Lycée
92171 Vanves Cedex
tél. : 01 46 48 23 00
web : www.cned.fr

• Conservatoire National des Arts et Métiers (CNAM)
292, rue Saint-Martin 75003 Paris
tél. : 01 40 27 23 00
web : www.cnam.fr

• GRETA
web : www.education.fr/fp/greta
36 15 EDUTEL
rubrique « Formation continue »
- Aix-Marseille 04 42 93 88 60
- Amiens 03 22 82 39 00
- Besançon 03 81 65 74 66
- Bordeaux 05 56 84 41 00
- Caen 02 31 30 15 40
- Clermont-Ferrand 04 73 99 35 53
- Corse 04 95 51 74 74
- Créteil 01 49 81 65 10
- Dijon 03 80 54 09 60
- Grenoble 04 76 23 42 34
- Guadeloupe 05 90 21 65 13
- Guyane 05 94 25 63 69
- Lille 03 20 15 62 93
- Limoges 05 55 11 41 15
- Lyon 04 72 19 80 80
- Martinique 05 96 70 50 09
- Montpellier 04 67 15 82 82
- Mulhouse 03 89 32 73 32
- Nancy-Metz 03 83 55 06 58
- Nantes 02 51 86 30 33
- Nice 04 93 53 82 22
- Orléans-Tours 02 38 77 89 20
- Paris 01 44 62 40 40
- Poitiers 05 49 54 70 00
- Reims 03 26 61 65 65
- Rennes 02 99 25 11 60
- La Réunion 02 62 29 78 30
- Rouen 02 32 82 32 00
- Strasbourg 03 88 23 36 00
- Toulouse 05 61 17 73 08
- Versailles 01 30 83 48 85

**Pour connaître vos droits au bilan de compétence et à la VAE**

• Renseignements généraux
web : www.service-public.fr

• Infotravail : 08 36 29 00 15

• Légifrance : web : www.legifrance.gouv.fr

• Annuaire du dispositif d'accompagnement de l'Éducation nationale
web : www.enseignement-professionnel.gouv.fr

• Ministère délégué à l'Enseignement professionnel
web : www.enseignement-professionnel.gouv.fr

• Ministère de l'Éducation nationale
web : www.education.gouv.fr

• Ministère de l'Emploi et de la solidarité
web : www.travail.gouv.fr

• Ministère des Affaires sociales, du travail et de la solidarité
web : www.travail.gouv.fr

• Pôle régional d'information conseil en VAE
web : www.infovae-idf.com

• Ressources sur la formation professionnelle continue/dossier VAE
web : www.centre-inffo.fr

**Pour mettre en œuvre votre bilan de compétences**

• votre ANPE
web : www.anpe.fr

• l'APEC
siège à Paris et 45 antennes en France
51, bd Brune – 75014 Paris
tél. : 0810 805 805
web : www.apec.fr

• la Chambre Syndicale des Centres de Bilan de Compétences (CSCBC)
siège à Paris et plusieurs antennes en province
57, rue d'Amsterdam – 75008 Paris
tél. : 01 46 94 62 92

• les Centres Interinstitutionnels de Bilans de Compétences (CIBC), une centaine en France
web : www.cibc.net

*Département 01*
– CIBC
3, rue du Cordier
01000 Bourg-en-Bresse
tél. : 04 74 22 19 08

*Département 02*
– CIBC
1, avenue de la République
02400 Château-Thierry
tél. : 03 23 69 39 99
web : www.areaf.com
– CIBC
Rue Michelet
02500 Hirson
tél. : 03 23 99 21 21
web : www.areaf.com
– CIBC
133, rue Chantraine
02120 Guise
tél. : 03 23 61 25 98
– CIBC
1120, bd Brossolette
02000 Laon
tél. : 03 23 23 26 43
web : www.areaf.com
– CIBC
16 bis, rue de la Comédie
02100 Saint-Quentin
tél. : 03 23 67 58 90
web : www.areaf.com
– CIBC
39, rue Saint-Quentin
02200 Soissons
tél. : 03 23 59 51 97
web : www.areaf.com
– CIBC
6, rue de la Bonneterie
02700 Tergnier
tél. : 03 23 38 41 41
web : www.areaf.com

*Département 03*
– CIBC
2, place de la Liberté
03200 Vichy
tél. : 04 70 98 12 83
web : www.cibc.net
– CIBC
17, rue Barathon
03100 Montluçon
tél. : 04 70 96 56 65

*Département 04*
– CIBC
6, rue d'Aubette
04100 Manosque
tél. : 04 92 87 72 05

*Département 05*
– CIBC
35, rue Pasteur
05100 Briançon
tél. : 04 92 20 33 61

– CIBC
Rue Pierre et Marie Curie
05200 Embrun
tél. : 04 92 43 71 00
– CIBC
Immeuble Le Montjoie
05000 Gap
tél. : 04 92 53 52 92

*Département 08*
– CIBC
2, rue Duvivier
08000 Charleville-Mézières
tél. : 08 20 01 23 53

*Département 09*
– CIBC
Maison commune emploi et formation
09000 Foix
tél. : 05 61 02 68 00

*Département 10*
– CIBC
2 bis, rue Jeanne d'Arc
10000 Troyes
tél. : 08 20 01 23 54

*Département 11*
– CIBC
122, avenue du Général Leclerc
11000 Carcassonne
tél. : 04 68 25 27 14

*Département 12*
– CIBC
Cité de Trepalou
12300 Decazeville
tél. : 05 05 63 36 62
– CIBC
54, rue de Glossop
12100 Millau
tél. : 05 65 60 58 98
– CIBC
6, rue de l'Abbé Bernau
12000 Rodez
tél. : 05 65 68 21 54

*Département 13*
– CIBC
1, rue de la République
13003 Marseille
tél. : 04 91 91 66 66
web : www.cibc13.com

*Département 15*
– CIBC
Rue du Coq vert
15000 Aurillac
tél. : 04 71 48 09 83

*Département 16*
– CIBC
Bd de Bigorre
16000 Angoulême
tél. : 05 45 25 73 00
web : www.cibc16.asso.fr
– CIBC
Rue du Port
16100 Cognac
tél. : 05 45 36 23 33
web : www.cibc16.asso.fr

*Département 17*
– CIBC
1, rue Jean Perrin
17000 La Rochelle
tél. : 05 46 34 04 37
web : www.cibc79.com
– CIBC
28, rue des Fougères
17100 Saintes
tél. : 05 46 92 86 16
web : www.cibc16.asso.fr

*Département 18*
– CIBC
6, bd Clemenceau
18000 BOURGES
tél. : 02 48 65 46 83

*Département 19*
– CIBC
2 ter, avenue Mozart
19100 Brive
tél. : 05 55 17 66 00

– CIBC
11, avenue Victor Hugo
19000 Tulle
tél. : 05 55 20 84 62

*Département 20*
– CIBC
Ancien collège de Montesoro
20600 Bastia
tél. : 04 95 30 83 32
– CIBC
16, rue du Général Paul Colonna d'Istria
20090 Ajaccio
tél. : 04 95 22 21 00

*Département 21*
– CIBC
6, rue Montigny
21000 Dijon
tél. : 03 80 30 88 59
– CIBC
26, rue du faubourg Saint-Jean
21200 Beaune
tél. : 03 80 30 88 59

*Département 22*
– CIBC
4, bd Chamer
22000 Saint-Brieux
tél. : 02 96 78 86 10
web : www.cibc22.fr
– CIBC
Place de la Gare
22200 Guingamp
tél. : 02 96 21 20 29
– CIBC
39, rue du Val
22400 Lamballe
tél. : 02 96 50 07 97
– CIBC
10, rue Noël Danval
22300 Lannion
tél. : 02 96 46 33 20
– CIBC
6, bd de la Gare
22600 Loudéac
tél. : 02 96 28 61 97

*Département 24*
– CIBC
11, avenue Georges Pompidou
24000 Périgueux
tél. : 05 53 45 46 90
web : www.cibc-aquitaine.asso.fr

*Département 25*
– CIBC
11, rue Xavier Marmier
25000 Besançon
tél. : 03 81 41 80 00
– CIBC
Rue des Grands Jardins
25211 Montbéliard
tél. : 03 81 32 36 69

*Département 27*
– CIBC
1, allée des Oliviers
27930 Caer-Normanville
tél. : 02 32 62 40 50

*Département 29*
– CIBC
ZI de Kergonan
16, rue de l'Eau Blanche
29200 Brest
tél. : 02 98 41 73 52
– CIBC
ZI de l'Hippodrome
52, avenue des Sports
29000 Quimper
tél. : 02 98 53 23 74

*Département 30*
– CIBC
4, quai Boissier de Sauvages
30100 Alès
tél. : 04 66 86 33 66
– CIBC
38, rue Pradier
30000 Nîmes
tél. : 04 60 29 89 40

*Département 31*
– CIBC
16 bis, rue de Naples
31500 Toulouse
tél. : 05 34 25 48 25
– CIBC
18, rue Jean Jaurès
31600 Muret
tél. : 05 34 46 10 80
– CIBC
1, bd Bepmale
31800 Saint-Gaudens
tél. : 05 62 00 83 61

*Département 32*
– CIBC
Route de Mirande
32001 Auche Cedex
tél. : 05 62 05 26 40

*Département 33*
– CIBC
15-17, avenue Thiers
33100 Bordeaux
tél. : 05 57 54 25 00

*Département 34*
– CIBC
121, rue d'Athènes
34000 Montpellier
tél. : 04 67 22 04 80

*Département 35*
– CIBC
13, rue Pasteur
35500 Vitré
tél. : 02 99 74 61 73

*Département 38*
– CIBC
15, rue des Colibris
38100 Grenoble
tél. : 04 76 23 59 99

*Département 39*
– CIBC
33, place de la Comédie
39016 Lons-le-Saunier
tél. : 03 84 24 80 29

*Département 40*
– CIBC
Centre d'Affaires Mercure
40100 Dax
tél. : 05 58 74 91 50

*Département 42*
– CIBC
23, rue Noëlas
42300 Roanne
tél. : 04 77 68 84 54
– CIBC
20, rue Descours
42000 Saint-Étienne
tél. : 04 77 21 60 60

*Département 43*
– CIBC
39, bd Saint-Louis
43000 Le Puy-en-Velay
tél. : 04 71 09 27 86

*Département 44*
– CIBC
10, rue Gaétan Rondeau
44200 Nantes
tél. : 02 40 47 31 30
web : www.cibc-pdl.com

*Département 46*
– CIBC
56 bis, bd Gambetta
46000 Cahors
tél. : 05 65 30 19 90

*Département 47*
– CIBC
45, rue Palissy
47006 Agen Cedex
tél. : 05 53 66 87 66

*Département 49*
– CIBC
4, rue du Daguenet
49100 Angers
tél. : 02 41 21 58 10
web : www.cibc-pdl.com

*Département 51*
– CIBC
14, rue Édouard Mignot
51100 Reims
tél. : 08 20 01 23 54

*Département 52*
– CIBC
23, place du Général de Gaulle
52100 Saint-Dizier
tél. : 0820 01 23 54

*Département 53*
– CIBC
10, rue Louis Perrin
53000 Laval
tél. : 02 43 66 06 65
web : www.cibc-pdl.com

*Département 56*
– CIBC
Immeuble le Forum
56000 Lorient
tél. : 02 97 84 94 85

*Département 57*
– CIBC
22, rue Foch
57800 Freyming-Merlebach
tél. : 03 87 04 51 14

*Département 58*
– CIBC
2, square de la Résistance
58000 Nevers
tél. : 03 86 93 00 20

*Département 59*
– CIBC
115, rue Saint-Jean
59500 Douai
– CIBC
66, rue Chantier de France
59140 Dunkerque
tél. : 03 28 22 64 80
– CIBC
7, rue de l'Hôpital Militaire
59800 Lille
tél. : 03 20 14 37 37
web : www.cibc-lille.fr.st
– CIBC
25, rue du Commerce
59800 Maubeuge
tél. : 03 27 53 14 70
– CIBC
15, rue de l'Industrie
59200 Tourcoing
tél. : 03 20 69 29 29

*Département 60*
– CIBC
1, rue Jean Monnet
60000 Beauvais
tél. : 03 44 05 41 32
web : www.areaf.com
– CIBC
43, rue de l'Hôtel de Ville
60240 Chaumont-en-Vexin
tél. : 03 44 49 99 61
web : www.areaf.com
– CIBC
12, avenue du Maréchal Joffre
60500 Chantilly
tél. : 03 44 62 6210
web : www.areaf.com
– CIBC
3, rue de l'Anthémis
60200 Compiègne
tél. : 03 44 36 34 34
web : www.areaf.com
– CIBC
17, rue de Lille
60400 Noyon
tél. : 03 44 93 39 90
– CIBC
48, rue de Lattre de Tassigny
60100 Creil
tél. : 03 44 55 48 88
web : www.areaf.com
– CIBC
4, place Camille Sellier
60600 Clermont
tél. : 03 44 50 82 90

*Département 62*
– CIBC
23, rue du Dépôt
62027 Arras Cedex
tél. : 03 21 48 17 97
– CIBC
Centre Ingénierie
62406 Béthune Cedex
tél. : 03 21 01 61 71
– CIBC
91, rue Jean Jaurès
62803 Liévin Cedex
tél. : 03 21 74 98 40

*Département 63*
– CIBC
1, avenue des Cottages
63000 Clermont-Ferrand
tél. : 04 73 17 36 75

*Département 64*
– CIBC
5, rue Émile Garet
04000 Pau
tél. : 05 59 27 39 69
– CIBC
11, bd Alsace-Lorraine
64100 Bayonne
tél. : 05 59 55 88 05

*Département 65*
– CIBC
16, rue Massey
65000 Tarbes
tél. : 05 62 51 94 67
web : www.cibc65.com

*Département 66*
– CIBC
16, espace Méditerranée
66000 Perpignan
tél. : 04 68 51 60 90

*Département 67*
– CIBC
20, rue Seyboth
67000 Strasbourg
tél. : 03 88 22 46 49

*Département 69*
– CIBC
180, rue de Créqui
69003 Lyon
tél. : 04 72 61 80 61

*Département 70*
– CIBC
Le grand Montmarin
70014 Vesoul
tél. : 03 84 96 85 04

*Département 71*
– CIBC
1000 avenue du Maréchal de Lattre de Tassigny
71000 Mâcon
tél. : 03 85 38 97 03
– CIBC
12, rue du Général Leclerc
71100 Chalon-sur-Saône
tél. : 03 85 90 97 97
– CIBC
15, rue des Moineaux
71200 Le Creusot
tél. : 03 85 55 72 91

*Département 72*
– CIBC
63, rue Désiles
72000 Le Mans
tél. : 02 43 78 20 90
web : www.cibc-pdl.com

*Département 73*
– CIBC
1, rue Pillet Will
73000 Chambéry
tél. : 04 79 85 07 65

*Département 74*
– CIBC
Immeuble La Citadelle
74000 Annecy
tél. : 04 50 67 98 70

*Département 75*
– CIBC
142, rue Montmartre
75002 Paris
tél. : 01 55 80 58 80

*Département 76*
– CIBC
3, rue du Four
76100 Rouen
tél. : 02 35 73 73 89

*Département 77*
– CIBC
22, rue Pierre Mendès France
77200 Torcy
tél. : 01 60 17 42 54

*Département 78*
– CIBC
30, rue Alexandre Dumas
78100 Saint-Germain-en-Laye
tél. : 01 39 04 05 20

*Département 79*
– CIBC
4, rue Joseph Cugnot
79000 Niort
tél. : 05 49 17 50 81
web : www.cibc79.com
– CIBC
7, rue Anne Desrays
79100 Thouars
tél. : 05 49 66 76 90
web : www.cibc79.com
– CIBC
2, rue Gutenberg
79200 Parthenay
tél. : 05 49 71 17 15
web : www.cibc79.com

*Département 80*
– CIBC
9, rue des Jacobins
80048 Amiens
tél. : 03 22 71 11 50
web : www.areaf.com
– CIBC
82, rue Saint Gilles
80100 Abbeville
tél. : 03 22 31 79 10
web : www.areaf.com
– CIBC
Maison des Professions et de la Formation
2, rue des Sœurs grises
80600 Doullens
tél. : 03 22 77 80 05
web : www.areaf.com
– CIBC
8, rue de la Madeleine
80200 Péronne
tél. : 03 22 84 74 20

*Département 81*
– CIBC
7, place de l'Albinque
81100 Castres
tél. : 05 63 51 63 40

*Département 82*
– CIBC
67, faubourg Lacapelle
82000 Montauban
tél. : 05 63 66 51 37

*Département 83*
– CIBC
Allée du Romarin
Parc Sainte-Claire
83160 La Valette-du-Var
tél. : 04 98 01 60 45
web : www.cibc83.org

*Département 84*
– CIBC
9, avenue de l'Étang
84000 Avignon
tél. : 04 90 89 14 47
– CIBC
200, cours Gambetta
84300 Cavaillon
tél. : 04 90 06 35 35

*Département 85*
– CIBC
Espace Prévert
85001 La Roche-sur-Yon
tél. : 02 51 09 89 49
web : www.cibc-pdl.com

*Département 86*
– CIBC
Technoforum
86100 Châtellerault
tél. : 05 49 19 40 30
web : www.cibc16.asso.fr
– CIBC
23, bd du Grand Cerf
86000 Poitiers
tél. : 05 49 60 22 57

Département 87
– CIBC
28, avenue Baudin
87000 Limoges
tél. : 05 55 32 73 59

*Département 88*
– CIBC
23, avenue Gambetta
88000 Épinal
tél. : 03 29 64 18 34
– CIBC
Place Jules Ferry
88100 Saint-Dié
tél. : 03 29 42 23 43

*Département 89*
– CIBC
8, avenue Delacroix
89009 Auxerre Cedex
tél. : 03 86 42 00 35

*Département 90*
– CIBC
6, rue du Rhône
90000 Belfort
tél. : 03 84 54 04 15

*Département 91*
– CIBC
8, rue Montespan
91000 Évry
tél. : 01 69 36 45 89
web : www.cibc91.com

*Département 92*
– CIBC
10, rue Jean Jaurès
92800 Puteaux
tél. : 01 47 75 97 30

*Département 93*
– CIBC
50 rue Lépine
93500 Pantin
tél. : 01 48 43 75 26
– CIBC
51, rue Gaston Lauriau
93512 Montreuil Cedex
tél. : 01 49 20 89 99

*Département 94*
– CIBC
68, avenue du Général de Gaulle
94022 Créteil Cedex
tél. : 01 45 17 21 50

*Département 95*
– CIBC
2, mail des Cerclades
95000 Cergy-Pontoise
tél. : 01 30 17 32 32
– CIBC
1, rue Péligot
95800 Enghien
tél. : 01 34 28 26 27

• le Fond de Gestion du Congé Individuel de Formation (FONGECIF)
web : www. Fongecif.fr

*Fongecif Alsace*
3, place de la Mairie 68021 Colmar Cedex
tél. : 03 89 20 17 50

*Fongecif Aquitaine*
rue Robert Caumont 33000 Bordeaux
tél. : 05 56 69 35 50

*Fongécif Auvergne*
12, rue Maurice Weiss 63000 Clermont-Ferrand
tél. : 04 73 29 31 41

*Fongecif Basse-Normandie*
15, avenue de Cambridge
14209 Hérouville-Saint-Clair Cedex

*Fongecif Bourgogne*
29, rue de Talant 21016 Dijon Cedex
tél. : 03 80 53 22 44

*Fongecif Bretagne*
6, place des Colombes 35044 Rennes
tél. : 02 99 29 72 30

*Fongecif Centre*
931 rue de Bourges Olivet-La Source
45060 Orléans Cedex 02
tél. : 02 38 49 35 35

*Fongecif Champagne Ardennes*
1, route de Louvois Saint-Martin-sur-le-pré
51009 Châlons-sur-Marne
tél. : 03 26 69 47 70

*Fongecif Corse*
Marines du Ricanto Route de l'Aéroport
20090 Ajaccio
tél. : 04 95 23 76 00

*Fongecif Côte d'Azur*
– 10, place de la Joliette 13002 Marseille
tél. : 04 91 13 93 80
– Résidence Arénice 455, promenade des Anglais, 06299 Nice
tél. : 04 93 21 18 07

*Fongecif Franche-Comté*
15, rue Xavier-Marmier 25000 Besançon
tél. : 03 81 52 82 83

*Fongecif Haute-Normandie*
– antenne de Rouen 58, rue Bouquet
76000 Rouen tél. : 02 35 07 11 71
– antenne du Havre 56, quai Southampton
76600 Le Havre
tél. : 02 35 41 76 79
– antenne d'Évreux Route de Louviers
27930 Caer Normanville
tél. : 02 32 39 49 43

*Fongecif Haute-Savoie*
Immeuble Genève Avenue
129, avenue de Genève 74000 Annecy
tél. : 04 50 57 55 69

*Fongecif Île-de-France*
Tour Maine Montparnasse
33, avenue du Maine 75015 Paris
tél. : 01 44 10 58 58

*Fongecif Languedoc-Roussillon*
Allée Jean Anouilh
Quartier d'Entreprises de Tournezy
34000 Montpellier
tél. : 04 67 07 04 55

*Fongecif Limousin*
3 bis, avenue Garibaldi 87000 Limoges
tél. : 05 55 79 10 78

*Fongecif Lorraine*
Le Trident 6, rue Cyfflé 54003 Annecy Cedex
tél. : 03 83 30 82 80

*Fongecif Midi-Pyrénées*
53, rue Devic 31400 Toulouse
tél. : 05 62 26 87 87

*Fongecif Nord-Pas-de-Calais*
– antenne Artois-Douaisis 9, rue ND de Lorette
62008 Arras Cedex
tél. : 03 21 60 21
– antenne Flandre-Lys
14, rue des Entrepreneurs
59703 Marq-en-Bareuil Cedex
tél. : 03 20 12 13 73
– antenne Hainaut-Cambrésis
11/13, rue Salle Lecomte 59300 Valenciennes
tél. : 03 27 29 64 78
– antenne Littoral 12, rue de l'Industrie
62504 Saint-Omer Cedex
tél. : 03 21 93 21 93

*Fongecif Pays de la Loire*
9, boulevard Alexandre Millerand
44201 Nantes Cedex 2
tél. : 02 40 99 38 02
web : www.fongecif-pdl.fr

*Fongecif Picardie*
64 bis, rue du Vivier 80039 Amiens Cedex
tél. : 03 22 71 70 70

*Fongecif Poitou-Charentes*
6, impasse du Cornuchet 79027 Niort Cedex 9
tél. : 05 49 28 38 28

*Fongecif Rhône-Alpes*
– antenne de l'Ain 88, avenue du Mail
01000 Bourg-en-Bresse
tél. : 04 74 21 71 59
– antenne de l'Ardèche/Drôme
45, avenue Gambetta 26 000 Valence
tél. : 04 75 55 69 58
– antenne de l'Isère 70, rue des Alliés
38100 Grenoble
tél. : 04 76 09 02 43
– antenne de la Loire 15, rue Albert 1er
42000 Saint-Étienne
tél. : 04 77 93 25 60
– antenne du Rhône 13 bis, place Jules Ferry
69006 Lyon
tél. : 04 78 65 98 73

*Fongecif Savoie*
725, faubourg de Montmélian
73000 Chambéry
tél. : 04 79 70 14 83

• le Fonds d'Assurance Formation du Travail Temporaire (FAFTT)
14, rue Ricquet 75019 Paris
n° azur : 08 11 65 06 53
tél. : 01 53 35 70 00
web : www.faftt.fr

• Institut National de la Recherche Agronomique (INRA)
147, rue de l'Université 75007 Paris
tél. : 01 42 75 90 00
web : www.inra.fr

• Association Nationale Formation Personnel Hospitalier (ANFH)
265, rue de Charenton 75012 Paris
tél. : 01 44 75 68 00
web : www.anfh.asso.fr

**Pour connaître les possibilités de validation de vos acquis de l'expérience**

• Commission nationale de la certification professionnelle
web : www.cncp.gouv.fr

• pôle régional d'information conseil en VAE d'Île-de-France
web : www.infovae-idf.com

**Pour vous aider à faire votre bilan en solo**

www.proacteurs.com

## Références à la loi

Si vous le souhaitez, vous pouvez consulter les textes de loi relatifs au bilan de compétences et à la validation des acquis de l'expérience sur le site legifrance.fr. En voici les références :

- Code du Travail article L 900-2 relatif à la formation professionnelle
- Code du Travail article L 900-4-1 relatif au bilan de compétences
- Code du Travail articles L 931-20, 21 et 22 relatifs au congé de bilan de compétences
- Code du Travail article L 931-24 relatif au financement du congé de bilan de compétences
- Code du Travail article L 931-25 relatif à la rémunération pendant le congé de bilan de compétences
- Code du Travail article L 931-26 relatif au droit au congé de bilan de compétences pour les salariés en CDD
- Loi de modernisation sociale du 17 janvier 2002 n° 2002-73 sur la validation des acquis de l'expérience
- Décret de portée générale n° 2002-615 du 26 avril 2002 relatif à la validation des acquis de l'expérience pour la délivrance d'une certification professionnelle
- Décret n° 2002-529 du 16 avril 2002 relatif à la validation d'études supérieures accomplies en France ou à l'étranger
- Décret n° 2002-590 du 24 avril 2002 relatif à la validation des acquis de l'expérience par les établissements d'enseignement supérieur
- Décret n° 2002-616 du 26 avril 2002 relatif au Répertoire national des certifications professionnelles
- Décret n° 2002-617 du 26 avril 2002 relatif à la Commission nationale de la certification professionnelle
- Décret n° 2002-795 du 3 mai 2002 relatif au congé pour la validation des acquis
- Décret n° 2002-1459 du 16 décembre 2002 relatif à la prise en charge par les employeurs des actions de validation des acquis de l'expérience.

## Lexique

Le monde de l'emploi et les documents qui s'y réfèrent sont très souvent porteurs de sigles qui peuvent vous paraître incompréhensibles. Voici la signification des sigles les plus courants que vous rencontrerez dans vos démarches :

| | |
|---|---|
| AFPA | Association nationale pour la formation professionnelle des adultes |
| BCA | Bilan de compétences approfondi |
| BEP | Brevet d'Études professionnelles |
| BIAF | Bordereau individuel d'accès à la formation |
| BP | Brevet professionnel |
| BT | Brevet de technicien |
| BTS | Brevet de technicien supérieur |

| | |
|---|---|
| CBC | Congé de bilan de compétences |
| CDD | Contrat à durée déterminée |
| CDI | Contrat à durée indéterminée |
| CIBC | Centre interinstitutionnel de bilans de compétences |
| CIF | Congé individuel de formation |
| CNAM | Conservatoire national des arts et métiers |
| CNCP | Commission nationale de la certification professionnelle |
| CTF | Capital temps formation |
| DIF | Droit individuel à la formation |
| DUT | Diplôme des instituts universitaires de technologie |
| FAFTT | Fonds d'assurance formation du travail temporaire |
| FONGECIF | Fonds de gestion du congé individuel de formation |
| PAP | Projet d'action personnalisé |
| RNCP | Répertoire national des certifications professionnelles |
| VAE | Validation des acquis de l'expérience |

## Bibliographie

*ABC de la connaissance de soi*, Clément Blin, Grancher
*Apprenez à mieux vous connaître*, Pierre Longin, Dunod
*Auto-analyse psychologique*, Achille de Tommaso, de Vecchi
*Avoir confiance en soi*, Sarah Famery, Organisation
*Coaching mode d'emploi*, A.P. Emmenecker-S. Rafal, Marabout
*Découvrez la pensée positive*, Christine Hardy, Rocher
*Guide de la Communication*, Jean-Claude Martin, Marabout
*Guide du coaching*, John Whitmore, Maxima
*La source du bonheur*, Christian Boiron, Albin Michel
*La VAE*, M Gazave-N. Hennetier, Vuibert
*Oser être soi-même*, René de Lassus, Marabout
*Transformez votre vie*, Louise Hay, Marabout

# Index

## Du même auteur chez Marabout

- *50 modèles de lettres pour trouver un emploi* - Poche n° 1911
- *100 modèles de c.v.* - Poche n° 1921
- *350 pistes pour trouver un emploi* - Poche n° 1953
- *C.V. mode d'emploi* - Marabout Pratique
- *Entretien d'embauche (L')* - Poche n° 1940
- *Entretien d'embauche, mode d'emploi (L')* - Marabout Pratique
- *Guide Marabout du CV et de la recherche d'emploi* - Référence
- *Lettre de motivation (La)* - Poche n° 1938
- *Lettre de motivation mode d'emploi* - Marabout Pratique

MEVO



ISBN : 2501-04267-0
40.3971.5 / 01
Dépôt légal : n° 53309 / décembre 2004
Imprimé en Italie par Rotolito Lombarda